दूसरा इश्क़

इरशाद खान 'सिकन्दर'

राजपाल

ISBN : 9789386534439

प्रथम संस्करण : 2018 © इरशाद ख़ान 'सिकन्दर'
DOOSRA ISHQ (Urdu Poetry) by Irshad Khan 'Sikandar'

राजपाल एण्ड सन्ज़

1590, मदरसा रोड, कश्मीरी गेट, दिल्ली–110006
फोन : 011–23869812, 23865483, 23867791
e-mail : sales@rajpalpublishing.com
www.rajpalpublishing.com
www.facebook.com/rajpalandsons

क्रम

क्यों जहाँ में आये हम

वक़्त की दराँती जब, ज़िन्दगी की फ़स्लों को
काटने को लपकी तो, एक नज़्म लिखनी थी
नज़्म लिख न पाये हम

जब कराहता सूरज, शाम के मुहाने पर
गिर पड़ा था ज़ख्मी सा, चंद शे'र कहने थे
शे'र कह न पाये हम

शब के ज़ेरे-साया कल, चाँद ने कहा जिस दम
सुनिये आप मेरे हैं, कोई गीत गाना था
गीत गा न पाये हम

वो समय भी आया जब, इक भरे थियेटर में
मंच पर उदासी थी, हमको रक़्स करना था
रक़्स कर न पाये हम

दिन गुज़ारा जूँ-तूँ कर, जैसे-तैसे क़ाटी शब
अपनी ऐसी हालत पर, सर्द आह भरना थी
आह भर न पाये हम

ज़िन्दगी को शिकवा है, एक भी कसौटी पर
हम खरे नहीं उतरे, कौन जान सकता है
क्यों जहाँ में आये हम

डूबता हूँ कि ऐ तिनके! मैं उबरने से रहा
दूसरा इश्क़ मिरे ज़ख़्म तो भरने से रहा

1

किसी   रदीफ़ किसी क़ाफ़िये से पहले का
मैं एक शे'र हर इक फ़लसफ़े[1] से पहले का

बदन से पहली मुलाक़ात याद है तुमको
हमारा इश्क़ है उस वाक़्ये से पहले का

छुड़ा तो लाया हूँ ख़ुद को मैं शब[2] के पन्जों से
मगर सवाल है इस तजरुबे से पहले का

मैं लफ़्ज़-वफ़्ज़ रिवायत[3] वग़ैरह क्या जानूँ
मिरा वजूद[4] है इस सिलसिले से पहले का

जो हाशिये पे रहे उनका दुख तो फिर भी ठीक
मैं आदमी हूँ मगर हाशिये से पहले का

वो कायनात का पहला ही लफ़्ज़ है यानी
तिरी ज़बान[5] मिरे ज़ाविये[6] से पहले का

कभी-कभी मुझे ऐ दोस्त याद आता है
वो एक शख़्स तिरे दबदबे से पहले का

तू एक सुब्ह मिरी ज़िन्दगी की ताज़ा सुब्ह
तू एक रक़्स[7] मिरे रतजगे से पहले का

1.दर्शन 2.रात 3.परम्परा 4.अस्तित्व 5.भाषा 6.दृष्टिकोण 7.नृत्य

तू एक अक्स मिरे आइने का पहला अक्स
मैं एक जुमला तिरे क़हक़हे से पहले का

ये एक चाँद उदासी की तह में लिपटा चाँद
वो एक चाँद मिरे मक़बरे से पहले का

न देख रेत से पानी निचोड़ लाया हूँ
तू बाब[1] देख मिरे इस किये से पहले का

मैं जानता हूँ सिकन्दर जी शे'र कहते हैं
पता करो सबब[2] इस अलमिये[3] से पहले का

1.अध्याय 2.कारण 3.दुखद घटना

2

झील, झरने, उदास रस्ता देख
इक शिकंजा सा दिल पे कसता देख

कुछ तो दिल को मिरे तसल्ली हो
आ मिरी जाँ मुझे शिकस्ता[1] देख

तुझसे मुमकिन जो हो कभी छुपकर
अपने ऊपर मुझे बरसता देख

मैं हूँ मज़दूर सो गुज़ारिश है
इस घड़ी ख़ाब कोई सस्ता देख

फूल डूबे हुए पसीने में
पीठ पर एक मन का बस्ता देख

बैठ दिल, आसमाँ के नक़्शे पर
उसकी यादों का फ़ौजी दस्ता देख

शह का शह अबके बारिश में
एक इक बूँद को तरसता देख

1.हारा हुआ

धूप में लहलहा रहा था मगर
चाँदनी में मुझे झुलसता देख

थोक के भाव शेर कहता हूँ
मेरी हालत है कितनी ख़स्ता[1] देख

―――――――

1. ख़राब

3

क़ैस[1] का चाक गिरेबान हुए जाते हैं
हम कि तफ़रीह[2] का सामान हुए जाते हैं

कोई ले जाए हमें ख़र्च करे जी भरकर
हम वो फ़न हैं कि जो नुक़सान हुए जाते हैं

गाँव आये हैं कि ज़िन्दान[3] से बाहर आये
धूप देखी है तो हैरान हुए जाते हैं

बात ईमान की ये है कि मैं काफ़िर[4] ही नहीं
आप बेवज्ह मुसलमान हुए जाते हैं

जबसे आँखों ने फ़सादात के मन्ज़र देखे
हम यूँ टूटे हैं कि इन्सान हुए जाते हैं

तुझसे अच्छी हमें सूरज की तपिश[5] थी ऐ चाँद
तेरी आग़ोश[6] में हलकान[7] हुए जाते हैं

तब ये मुश्किल थी हमें लोग समझते कम थे
अब ये मुश्किल है कि आसान हुए जाते हैं

1.मजनूँ 2.उपहास 3.जेल 4.नास्तिक 5.गर्मी 6.गोद 7.अधमरे

मुझमें बस्ती थी घनी, ख़ूब घनी, ख़ूब घनी
और अब दश्त[1] के इम्कान[2] हुए जाते हैं

एक वो हैं कि ज़रा भी नहीं माथे पे शिकन
एक हम हैं कि परेशान हुए जाते हैं

हाय वो लोग सुख़नवर[3] जिन्हें कहते हैं हम
वो भी बाज़ार की दूकान हुए जाते हैं

दर्दो-ग़म जम्अ किये, आह भरी, कुफ़्र बका
आप तो मीर का दीवान हुए जाते हैं

एक ग्वाले की मुहब्बत में सिकन्दर साहब
इस क़दर डूबे कि रसखान हुए जाते हैं

1.जंगल 2.सम्भावना 3.शायर

4

बदन पर एक भी कपड़ा नहीं है
मगर कुछ भी यहाँ वैसा नहीं है

तिरी कारीगरी पर ख़ाक दर्ज़ी
हमारे नाप की दुनिया नहीं है

मैं बस्ती भर के चेहरे देख आया
सुनो, कोई भी शर्मिन्दा नहीं है

अभी हूँ धुन में उसको जीतने की
पर उसके बाद का सोचा नहीं है

गिरे होंगे मिरी आँखों से ओले
कलेजा कटके तो गिरता नहीं है

बदन की चारदीवारी से बाहर
बहुत कुछ है मगर अच्छा नहीं है

लगी इस बार ऐसी आग घर घर
मुँडेरों से धुआँ उठता नहीं है

5

मुहब्बत चाँद पर वारे हुए हम
समन्दर के जवाँ धारे हुए हम

कोई सूरत नहीं बचने की अपने
तुम्हारे ख़ाब के मारे हुए हम

उजाला ही उजाला चार जानिब
किसी की आँख के तारे हुए हम

निगलना चाहती थी हमको दुनिया
बहुत मीठे थे सो खारे हुए हम

मुसलसल फ़ुरक़तें[1] ही काम आईं
चलो अल्लाह को प्यारे हुए हम

कभी ज़ुल्फ़ें सँवारीं शायरी की
कभी मज़लूम के नारे हुए हम

हमें भी ज़िन्दगी आख़िर कुचलती
यही चारा था बेचारे हुए हम

तरस खा एक मुट्ठी छाँव दे दे
ज़मीने-इश्क़ बंजारे हुए हम

1.जुदाइयाँ

हुई शेरी महकमे में बहाली
तुम्हारे ग़म के हरकारे हुए हम

सुलगता था 'सिकन्दर' शह्न सारा
ख़ुद अपनी जीत के हारे हुए हम

6

सफ़र भी लाज़मी है और नदी भी है उफ़ान पर
सो ऐ ख़ुदा ये तय हुआ मैं खेल जाऊँ जान पर

जली बुझी हैं सिगरटें तितर बितर हैं काग़ज़ात
मैं हूँ ज़मीं की गोद में ख़याल आसमान पर

किसी के दोनों कान भेंट चढ़ गए श्लोक की
किसी का सख़्त ए' तेराज़[1] दर्ज है अज्ञान पर

बदन बदन का ज़ायक़ा नफ़स[2] नफ़स की ख़ुशबुएँ
तुम्हें हैं ये पसन्द, मैं लगा हूँ अपने ध्यान पर

हरी हरी सी घास पे हुई थी धूप महवे-रक्स[3]
तुम्हारा ज़िक्र आ गया था सुब्ह की जुबान पर

ग़ज़ब की रेस चल रही थी आज धूप छाँव में
चढ़ी जो धूप पेड़ पर तो छाँव थी मकान पर

तब उनका बौनापन मुझे कुछ और ठीक से दिखा
मिरी बराबरी को जब वो चढ़ गये मचान पर

1.विरोध 2.साँस 3.नृत्यरत

सवाल के जवाब में सवाल पर सवाल थे
तो मानना पड़ा कि उनकी सोच है ढलान पर

ख़रीदने को   आये हैं हुज़ूरे वाला खेतियाँ
मिरी निगाह लड़खड़ा के टिक गई किसान पर

7

फ़ज़ा से पूछिए हमने कोई गिला न किया
बढ़ी जो धूप हथेली का शामियाना किया

बदन की स्लेट पे तुझको लिखा मुहब्बत ने
ये एक काम किया और कुछ किया न किया

बस एक बात है और बात भी ज़रा सी है
सफ़र पे आँसुओं ने शब[1] मुझे रवाना किया

तुम्हारे पास थे अलमीया[2] है कि तुमने तो
नये लिबास को पहने बिना पुराना किया

ये एक बात ख़ुदा को भी रास आएगी
हरेक मोड़ पे हमने ख़ुदा ख़ुदा न किया

सुनी मिज़ाज ही ने एक भी नहीं मेरी
मुझे मलाल है मैंने तिरा कहा न किया

रुके तो रुक ही गये अपना क़ाफ़िला थे हम
चले तो चल ही पड़े कोई रहनुमा न किया

1.रात 2.त्रासदी

8

मसअला दरकिनार करना था
टूटकर उससे प्यार करना था

एक लड़की के ख़ाब सुनते हुए
फ़ैसले पर विचार करना था

सब अक़ीदों[1] की फ़ौज यकजा[2] थी
इक अक़ीदे पे वार करना था

ज़ख़्म की धज्जियाँ उड़ाने पर
लफ़्ज़ को तार-तार करना था

रूह इक दिन रखी गई गिरवी
जिस्म का कारोबार करना था

इश्क़ की चिन्दियाँ सँभाले हुए
उम्रभर इन्तज़ार करना था

ख़ुद ब ख़ुद हो न पाया, बस ख़ुद में
इक ज़रा सा सुधार करना था

1.आस्थाओं 2.एकत्र

काम तो काम है सो हमको भी
रन्जो-ग़म अख़्तियार[1] करना था

बन रही थी फ़ज़ा उजालों की
रात को होशियार करना था

उस घड़ी थे कहाँ 'सिकन्दर' जी
युद्ध जब आरपार करना था

____

1. क़ुबूल, मन्ज़ूर

9

ख़ाक आकाश नहीं ख़ाक से बाहर निकलें
उनसे कहिये कि ज़रा चाक से बाहर निकलें

क़ायदे में तो अगर फ़ायदा देखें हज़रत
पाक को छोड़ दें, नापाक से बाहर निकलें

मुद्दतों बाद इनायत हुई उनकी हमपर
अब तो लाज़िम है कि हम धाक से बाहर निकलें

आपकी शान में गुस्ताख़ी न हो गर तो कहूँ
आप पहले मिरी पोशाक से बाहर निकलें

शायरी, हूबहू माशूक़ सी लगती है तू
हम तो शायद तिरे पेचाक[1] से बाहर निकलें

साथ बैठेंगे, मियाँ बात करेंगे लेकिन
आप पहले ख़सो-ख़ाशाक[2] से बाहर निकलें

मैं तो कहता हूँ ज़मीं के भी नज़ारे देखें
आप इक रोज़ को अफ़लाक[3] से बाहर निकलें

1.ज़ुल्फ़, पेचो-ख़म 2.कूड़ा करकट 3.आसमान का बहुवचन

10

ख़यालों की नदी सूखी हुई है
बहुत दिन से ग़ज़ल रूठी हुई है

मैं अपने आप में सिमटा हुआ हूँ
उदासी शह् में बिखरी हुई है

ज़रा सी रौशनी लाने में यारो
हमारी ज़िन्दगी काली हुई है

हवा को लेना-देना क्या है इससे
किसी की दर-ब-दर मिट्टी हुई है

मैं आँखें बन्द करके देखता हूँ
मुहब्बत भी कभी अन्धी हुई है

कई आँखें इसी जानिब लगी हैं
कि जबसे बन्द ये मुट्ठी हुई है

मिरी आँखों से आँसू पोछने में
किसी की ओढ़नी मैली हुई है

तिरी फ़ुर्क़त[1] मिरे दिल की ज़मीं पर
मई की धूप सी हावी हुई है

---

1. जुदाई

11

हर एक सिम्त अँधेरों का बोलबाला है
सो तय है अब कोई सूरज निकलने वाला है

हम उसमें बैठ के करते हैं साधना तेरी
हमारे जिस्म के भीतर भी इक शिवाला है

तुम्हारी एक ही ठोकर से टूट सकता था
मिरी उदासी के दर पर जड़ा जो ताला है

ये किसने काट दीं ज़ंजीरें मेरी क़िस्मत की
ये किसने दु:ख के गिरेबाँ पे हाथ डाला है

वो एक शम्अ जो हमने जलायी थी मिलकर
सुना है उससे बड़ी दूर तक उजाला है

गली-गली में भटकता हूँ बनके जोगी मैं
तुम्हारी दीद को ये रास्ता निकाला है

तुम्हारे हिज्र[1] का कोहरा छँटा न आँखों से
सजी सो आज भी अश्कों की दीपमाला है

किताबे-इश्क़ यहाँ आप भी पढ़ें आकर
ये दिल नहीं है मुहब्बत की पाठशाला है

---

1. जुदाई

12

ऐसा नहीं कि शह्र में कोई शजर न था
हाँ दूर-दूर कोई परिन्दा मगर न था

सहरा भी, आसमान भी, वहशत भी, रात भी
सब कुछ था मेरे हिस्से में बस एक घर न था

मुनसिफ़[1] थी रूह, ज़ीस्त[2] खड़ी कटघरे में थी
कैसे कहूँ कि मुझको किसी तौर डर न था

पागल थी वो तो हम भी तो कम बावले न थे
दोनों ही पे किसी का ज़रा भी असर न था

फिर रौशनी हमारी पकड़ से निकल गयी
कोई दिया ख़याल की दहलीज़ पर न था

घर से गया था शह्र की गर्दन वो काटने
लौटा तो उसका अपने ही काँधों पे सर न था

इक उम्र की किताब जिसे दर्ज कर सके
इतना भी मुख़्तसर[3] मिरा दर्दे-सफ़र न था

1.न्यायाधीश 2.ज़िन्दगी 3.संक्षिप्त

आतीं जुरूर आपके चेहरे पे रौनक़ें
आँखों में कोई ख़ाब का टुकड़ा मगर न था

देते हरेक बात का मुँहतोड़ हम जवाब
लेकिन हमारा ध्यान तिरी बात पर न था

13

मेरी साँसों की चाबियाँ रख दीं
बैग में सब दवाइयाँ रख दीं

मुस्कुरा कर तुम्हारी यादों ने
मेरे हिस्से में सिसकियाँ रख दीं

ऐब सुनने को लोग आतुर थे
आपने मेरी ख़ूबियाँ रख दीं

हम भी निकले कमाल के क़ैदी
काट कर अपनी बेड़ियाँ रख दीं

एक ताज़ा हवा के झोंके ने
ग़म के माथे पे पट्टियाँ रख दीं

कोई शिकवा छलकने वाला था
दिल ने होंठों पे उँगलियाँ रख दीं

दो क़दम पर तुम्हारी चौखट थी
सबने रस्ते में दूरियाँ रख दीं

बातें रखनी थीं सिर्फ़ अपने तक
तुमने लोगों के दरमियाँ रख दीं

तुम हो शाने पे फिर भी सीने में
किसकी यादों ने हिचकियाँ रख दीं

14

वो अचानक ही गले से आ लगा
यार कुछ भी हो बहुत अच्छा लगा

ज़िन्दगी की डायरी कोरी न रख
हर वरक़ पर इश्क़ का ठप्पा लगा

ठोकरों से दर किया दीवार में
तुम समझते हो कोई तुक्का लगा

ख़्वाहिशों ने कर ली आख़िर ख़ुदकुशी
लो ठिकाने जिस्म का मलबा लगा

जिस्म क्या ईमान तक बिक जाता है
बस तू मौक़ा ताड़ कर रुपया लगा

जीत हो या हार अबके आर-पार
चल तुरुप या दाँव पर इक्का लगा

15

ये जो इश्क़ सूत दिल के करघे पे कत रहा है
यूँ है कि मुझको कोई मुझमें बरत रहा है

एहसानमन्द हूँ मैं उसकी नवाज़िशों[1] का
हर शब में मेरा ग़म भी जुगनूसिफ़त[2] रहा है

मुमकिन कहाँ है साहब हर एक का हवाला
गिनती के एक दिल में दु:ख अनगिनत रहा है

उसके निशाँ बदन में पैवस्त[3] आज भी हैं
इक उम्र तक जो मेरी आँखों की लत रहा है

अफ़सोस अब तअर्रुफ़[4] सब पूछते हैं उसका
जो शख़्स कुछ दशक तक इक शख़्सियत रहा है

पहचानने से उसको इनकार कर दिया क्यों
बन्दा जो आप ही की सेवा में रत रहा है

ये तुम भी जानती हो क्या पूछना था उसको
वो पूछता जो घर भर की ख़ैरियत रहा है

दरवेश[5] बन के उसके दिल पर किया है क़ब्ज़ा
वो बादशाहियों के कब मातहत रहा है

____

1.मेहरबानियों 2.जुगनूँ के समान 3.जुड़े हुए 4.परिचय 5.संन्यासी

16

दुबारा इश्क़ की दुनिया हरी-भरी होगी
वो मिल भी जाय तो क्या अब मुझे ख़ुशी होगी

सियाह[1] रात में जुगनू सी जो चमकती है
बग़ौर देखिये वो अच्छी शायरी होगी

ख़याल फाँद के आये हैं कितनी दीवारें
ख़याल बाँध लूँ ग़ज़लों में चाँदनी होगी

हमारा तजरुबा कहता है उसकी आँखों में
उमीद सी कोई शबभर जली-बुझी होगी

हुआ है और भी जाहिल पढ़ा लिखा तबक़ा
हुज़ूर! आप तो कहते थे रौशनी होगी

किसे पता था कि ताउम्र मेरी साँसों में
किसी के प्यार की ख़ुशबू रची-बसी होगी

ज़रूर आयेंगे कुछ आप जैसे हीरे पर
ज़बाँ भी आपके जैसी धुली-मँजी होगी

ज़रा सा सब्र 'सिकन्दर' वो दिन भी आएगा
तिरे कलाम की चर्चा गली-गली होगी

1.अँधेरा

17

तेरी सरकार में जो बैठा हूँ
अपनी हस्ती भी डुबो बैठा हूँ

मुझमें ये किसकी सदाएँ[1] गूँजीं
अपनी आवाज़ भी खो बैठा हूँ

इक पलटवार किया है अबके
मैं किसी और का हो बैठा हूँ

मूड में हूँ मैं तुम्हें सुनने के
जी में जो आये कहो बैठा हूँ

तुझको पाने की चुकाई क़ीमत
हाथ दुनिया से मैं धो बैठा हूँ

उठ चुका सबसे भरोसा लेकिन
एक उम्मीद है सो बैठा हूँ

क्यों न लौटेगी 'सिकन्दर' रौनक़
ख़ाक में जिस्म भी बो बैठा हूँ

1.आवाज़ें

18

तिरे इनकार के लहज़े में जो हाँ सा कुछ है
उसी कारन तो मुझे वहमो-गुमाँ सा कुछ है

मिरे पीछे है तिरी यादों की गहरी खाई
मिरे आगे भी ज़माने का कुआँ सा कुछ है

यूँ तो खिड़की भी है दीवार भी छत भी लेकिन
इसे घर कैसे कहूँ हाँ ये मकाँ सा कुछ है

तिरे होंटों पे तबस्सुम[1] की थिरकती लहरें
मिरी आँखों के समन्दर में धुआँ सा कुछ है

मुझपे अक्सर वो बिगड़ती है मैं हँस पड़ता हूँ
मेरी बेटी में यक़ीनन मिरी माँ सा कुछ है

मिरे चेहरे से नए ज़ख़्म की ख़ुश्बू आई
तिरे होंटों पे सुलगता ये बयाँ सा कुछ है

मुझे पत्थर न कहो ठहरो मिरे हमसायो[2]!
मिरे अन्दर अभी एहसासे-रवाँ सा कुछ है

1.मुस्कान 2.पड़ोसी

मिरी तस्वीर में इक तीर हिरन पर झपटा
तिरी तस्वीर के हाथों में कमाँ सा कुछ है

ये भी सच है कि हुआ उनपे बुढ़ापा हावी
ये भी सच है कि अभी दिल में जवाँ सा कुछ है

19

आपसी रिश्तों में खटास आई
बात क्योंकर ये सबको रास आई

उसकी आँखों का आईना देखो
जिसकी सच्चाई बेलिबास[1] आई

दिल मुहब्बत की ज़द पे क्या आया
इक उदासी उछल के पास आई

आँसुओं तुम कहाँ हो दस्तक दो
याद होंटों पे रखके प्यास आई

चाशनी में अदब की डूबा हूँ
एक मुद्दत में ये मिठास आई

शब की वीरानियाँ ही बेहतर थीं
सुब्ह तो और भी उदास आई

ये भी कम तो नहीं मिरे हिस्से
एक टूटी सही पर आस आई

1.निर्वस्त्र

20

कश्ती जब तक कि ख़ुद की डूबी नईं
बात उनके गले से उतरी नईं

फिर मुहब्बत ही काम आनी है
बेवफ़ाई की उम्र लम्बी नईं

हमने उड़ती हुई छतें देखीं
तेरी आँधी तो कोई आँधी नईं

ख़ामुशी छा गयी है महफ़िल में
आप कहते हैं बात गहरी नईं

चाँद आधा था रात आधी थी
रात आधी मगर वो गुज़री नईं

दिल की दीवार पर हो आवेज़ाँ[1]
तुम वो तस्वीर जो कि उतरी नईं

रात के बाद रात आती है
कैसे दिन हैं कि सुब्ह होती नईं

1.टँगी हुई

जो थी रैदास की कठौती में
अब वो गंगा इधर निकलती नईं

टूटना ही पड़ा सदाओं को
नींद ज़ाहिर है उनकी टूटी नईं

एक से एक सूरमा आये
पर 'सिकन्दर' ने मुँह की खायी नईं

21

लाखों करोड़ों अरबों सब बोलचाल के हैं
पर, मौन ढाई आखर सचमुच कमाल के हैं

कुछ वक़्त धूप सेवन कुछ देर छाँव पूजन
हम हिज्र की सड़क पर राही विसाल के हैं

महफ़िल हो या मुहब्बत क़ायम है बादशाहत
हर इक दिशा में जलवे गुदड़ी के लाल के हैं

मज़हब तो रास्ते की दीवार है हमारे
हम दीनदार लोगों, दूजे ख़याल के हैं

जी सा उचट गया है अब तो उरूज[1] से भी
हर सम्त, हर घड़ी बस चर्चे ज़वाल[2] के हैं

एहसास का सिपारा[3] पढ़कर बताइये तो
हम हैं जवाब लेकिन किसके सवाल के हैं

क्यों उम्र पूछते हो हर वक़्त आके हमसे
ये वक़्त ही से पूछो, हम कितने साल के हैं

1.उत्थान 2.पतन 3. क़ुरान का एक खंड

22

किसी ने ज़ेह्न का दरवाज़ा खटखटाया था
मैं अपने जिस्म से बाहर निकलके आया था

खिले-खिले से हैं अब तक गुलाब होंटों के
बस एक रोज़ तिरा नाम गुनगुनाया था

ये इक गुनाह भी मेरे सफ़र में शामिल है
मिरा यक़ीन कई बार डगमगाया था

बुझा दिया इसे ख़ुद उसने अपने हाथों से
चराग़े-दिल ये उसी के लिये जलाया था

वो एक शाम जब आई ग़रीबख़ाने में
सियाहियों से घिरा दिल भी जगमगाया था

मैं अपनी हार पे हैराँ नहीं पशेमाँ[1] हूँ
मिरा दिमाग़ किसी और ने चलाया था

हयात रहते न पहचाना घर के लोगों ने
पर उसकी मौत को हर शख़्स ने भुनाया था

1.लज्जित

23

घना अँधेरा जहाँ था सहर बनाती हुई
ग़ज़ल की राह मुझे मो'तबर[1] बनाती हुई

तमाम दिन भी तसव्वुर में तेरे डूबा हुआ
तिरी ही शक्ल मिरी रातभर बनाती हुई

जहाज़ इश्क़ का ऊँची उड़ान भरता हुआ
वो बावली उसी साहिल पे घर बनाती हुई

किसी के ख़ाब मिरी शख़्सियत को बुनते हुए
किसी की चाह मुझे पुरअसर बनाती हुई

हसीन ख़ाब मिरा ऐन वक़्त पर टूटा
वो ख़ुश बहुत थी मुझे हमसफ़र बनाती हुई

मैं चाहता हूँ ये तारीख़ में लिखा जाए
वो मर रही है किसी को अमर बनाती हुई

ज़रा सँभल के 'सिकन्दर' वो एक तेज़ हवा
गुज़र न जाय महल को खँडर बनाती हुई

1.विश्वसनीय

24

तिरे आने से जी हल्का हुआ है
मगर इक ज़ख़्म भी ताज़ा हुआ है

यक़ीनन उसकी आँखें खुल चुकी हैं
जो तेरे इश्क़ में अन्धा हुआ है

मिरे अश्कों की कोशिश है कि धो दें
तिरी जानिब से दिल मैला हुआ है

कहो हसरत से वापस लौट आये
अभी चाहत का पुल टूटा हुआ है

हमारी ज़िंदगी में आप आये
यही इक काम बस उम्दा हुआ है

कहाँ मैं और कहाँ मस्जिद का ज़ीना
यक़ीनन आपको धोका हुआ है

बदन की बाड़ से बाहर निकल कर
वो मेरी रूह तक पहुँचा हुआ है

मुख़ालिफ़[1] हैं हर इक नुक्कड़ पे उसके
'सिकन्दर' किस क़दर छाया हुआ है

1.विरोधी

25

कल रात पूरी रात तिरी याद आई है
जानाँ ये मेरे इश्क़ की पहली कमाई है

मैं इन दिनों हूँ हिज्र[1] की लज़्ज़त में मुब्तला[2]
इक उम्र काम करके ये तनख़ाह पाई है

हाज़िर हूँ अपने दिल की मैं खाता-बही के साथ
ये मैं हूँ और ले ये तिरी पाई-पाई है

ख़ारिज सिरे से कर दिया सबकी दलील को
जब भी चलाई इश्क़ ने अपनी चलाई है

तकिये का हाल देख के लगता है रातभर
सब आँसुओं ने ख़ाब की बरसी मनाई है

जब से सुना कि इश्क़ तिजारत मुफ़ीद है
हमने भी दिल दिमाग़ की पूँजी लगाई है

शाइस्तगी[3] बनी ही मिरे ख़ानदान से
लहजे में ये मिठास बुजुर्गों से आई है

इक पल भी इस जहान से निभनी मुहाल थी
हमने किसी के इश्क़ में जग से निभाई है

तस्वीर का ये रुख़ भी 'सिकन्दर' है क्या अजब
जब रंग उड़ गया तो ग़ज़ल रंग लाई है

1.वियोग 2.उलझा हुआ 3.शिष्टता

26

सबसे उलझा हुआ मुझमें ये कोई और ही है
तुझसे बिछड़ा हुआ मुझमें ये कोई और ही है

जान तो ले गये थे तुम मिरी जाते-जाते
साँस लेता हुआ मुझमें ये कोई और ही है

तीर पर तीर मुसलसल[1] मिरी जानिब आये
यानी हँसता हुआ मुझमें ये कोई और ही है

ख़ामख़ा वर्ना मुझे झूटा गुमाँ सा रहता
ये भी अच्छा हुआ मुझमें ये कोई और ही है

मुस्कुराता हुआ मुझमें वो कोई और ही था
इतना टूटा हुआ मुझमें ये कोई और ही है

सर उठाता हुआ मुझमें वो कोई और ही था
सर झुकाता हुआ मुझमें ये कोई और ही है

अपने अन्दर से तो कबका मैं निकल आया था
छुपके बैठा हुआ मुझमें ये कोई और ही है

मुझसे नाचीज़ का ये काम नहीं हो सकता
शे'र कहता हुआ मुझमें ये कोई और ही है

जाँचा-परखा न हुआ काम 'सिकन्दर' अपना
सोचा-समझा हुआ मुझमें ये कोई और ही है

1.लगातार

27

उनको भी सपने हलकान नहीं करते हैं
हम भी मुहब्बत का ऐलान नहीं करते हैं

ज़ख़्मों की आमद तो होती है अक्सर ही
लेकिन अब दिल को हैरान नहीं करते हैं

दो पल की ख़ुशियों पर लागू है पाबन्दी
वो मेरे ग़म का चालान नहीं करते हैं

जिस तिस के मुँह लगना जिस तिस पे मर मिटना
ऐसी गुस्ताख़ी[1] सुल्तान नहीं करते हैं

धड़कन की आवाज़ें कानों में चुभ जाएँ
इतना भी ख़ुद को वीरान नहीं करते हैं

दानाओं तुमने ही ये बस्ती फूँकी है
ये ओछी हरकत नादान नहीं करते हैं

1.अशिष्टता

28

आदत ही पड़ गयी कि हुए हादसात कम
लगती नहीं क़लम को मिरे अब दवात कम

इस जिस्म को बहुत है तिरे जिस्म का लिबास
लगती है इश्क़ को ये मगर कायनात[1] कम

हर वक़्त हर लिहाज़ से हम मुस्तइद[2] रहे
पर दिल के शह में न हुई वारदात कम

हैरत नहीं कि ख़ाब के टुकड़े कुछ और हों
बरती गयी ज़रा भी अगर एहतियात कम

बढ़ता ही जा रहा है मिरे काँधों पर दबाव
होती ही जा रही है मुसलसल[3] हयात[4] कम

आख़िर को हार-थक के तिरे दर पे आ लगा
दर दर भटकने से न हुई मुश्किलात कम

मैं जानता हूँ किससे कहाँ तक निभाना है
कम उम्र से न जानो कि हैं तजरुबात[5] कम

1.सृष्टि 2.चौकन्ना 3.निरन्तर 4.ज़िन्दगी 5.अनुभव

इल्मी अदब के मुल्क से फ़िल्मी अदब तलक
थी कौन सी कमी कि हुई शायरात कम

हम भी कुछ अपने काम में उलझे हैं इन दिनों
करने लगे हैं वो भी ज़रा बात-बात कम

29

दिल में अपने मिरी तस्वीर उतारे तो कोई
मैं चला आऊँगा इक बार पुकारे तो कोई

हम उसे भी यूँ ही पलकों पे बिठा सकते हैं
आपकी तरह मुहब्बत से निहारे तो कोई

आसमाँ दूर से नज़दीक भी आ सकता है
अपने दो पंख तबीयत से पसारे तो कोई

मैं तलातुम[1] को इसी वक़्त हरा सकता हूँ
राह तकता मुझे दिख जाए किनारे तो कोई

मान लूँ कैसे किसी को मैं यूँ ही कूज़ागर[2]
पहले तुझ सा मिरी मिट्टी को निखारे तो कोई

चाँद भी पास हो फ़ुर्क़त[3] के शरारे[4] भी क़रीब
चाँदनी रात मिरी तरह गुज़ारे तो कोई

1.भँवर 2.कुम्हार 3.जुदाई 4.चिंगारियाँ

30

कौन कमबख़्त ये कहता है दवाई दे जाय
मेरी हालत पे कोई आये बधाई दे जाय

और मैं मान भी लूँगा ये मिरी आदत है
सिर्फ़ इतना वो करे आके सफ़ाई दे जाय

क्यों बुझे बैठे हो कमरे में, चलो सड़कों पर
कौन जाने कि वही ख़ाब दिखाई दे जाय

डूबते वक़्त मुझे रंग दिया सूरज ने
ज़िन्दगी भर की कोई जैसे कमाई दे जाय

ये भी मुमकिन है पलट आऊँ मैं जाते-जाते
तेरी आवाज़ कहीं से जो सुनाई दे जाय

अपने हिस्से में रखे सारे गुलाबी मौसम
मुझको हर बार कोई जून-जुलाई दे जाय

दर पे आई हो क़ज़ा[1] लाख बुलाने पे मिरे
और ऐसे में अगर ज़ीस्त[2] सुझाई दे जाय

1.मौत 2.ज़िन्दगी

31

तेरे अल्फ़ाज़[1] के पत्थर मिरे सीने पे लगे
मेरे एहसास के टुकड़े मिरे चेहरे पे लगे

हमने उनको भी कलेजे से लगा रक्खा है
संग जो भी हमें महबूब के सजदे पे लगे

इतना सुनने से तो अच्छा था कि मर ही जाता
मेरी आवाज़ पे पहरे तिरे कहने पे लगे

मैं तिरे इश्क़ में ऐसा हूँ तो ऐसा ही सही
लगे इलज़ाम अगर तौर तरीक़े पे लगे

इश्क़ ने तेरी बहाली की बिना रक्खी है
देखियो! कोई न धब्बा तिरे ओहदे पे लगे

इससे पहले तो ज़मीं थी, वो फ़लक[2] था, दिल था
ये तो दीवार से हम आपके आने पे लगे

क्या नज़ारा था गले आज लगे वो ऐसे
जैसे जुमला[3] कोई आकर किसी जुमले पे लगे

वो तो हम थे जो कभी आह क्या उफ़ तक भी न की
जब कि सब तीर तिरे सीधा कलेजे पे लगे

टस से मस भी जो हुआ मैं तो 'सिकन्दर' कैसा
लाख क़ैंची मिरे मज़बूत इरादे पे लगे

1.शब्द 2.आकाश 3.वाक्य

32

रूह से तोड़के सबने बदन से जोड़ दिया
रिश्ता-ए-इश्क़ के धागे को धन से जोड़ दिया

है मिरा काम मुहब्बत की पैरवी करना
जब से इक चाँद ने मुझको किरन से जोड़ दिया

मैं उसे ओढ़ के फिरता था दश्त भर लोगो
क्यों मिरा जिस्म किसी पैरहन[1] से जोड़ दिया

वक़्त ने तोड़ दिया था मगर तअज्जुब है
आपने दिल को मिरे इक छुअन से जोड़ दिया

मेरी ग़ज़लों ने मुहब्बत की नींव रक्खी है
बेवतन जो था उसे भी वतन से जोड़ दिया

शह के लोगों को ये बात नागवार लगी
गाँव का दर्द भी हमने सुख़न से जोड़ दिया

अब तो लाज़िम है सियासत के कुछ हुनर सीखें
शाह ने हमको भी इक अंजुमन[2] से जोड़ दिया

1.लिबास 2.कमेटी

33

गिर न जाए आँसुओं की धार से
लग के मत रोया करो दीवार से

कल मिरे बेटे की शादी हो गयी
ये ख़बर मुझको मिली अख़बार से

उसको दोहराऊँ मैं आख़िर कब तलक
ऊब सी होती है अब किरदार से

काम आया मुस्कुराना आपका
फूल झरते हैं मिरे अशआर[1] से

दीन दुनिया के तक़ाज़े भी सुनूँ
पहले छुट्टी तो मिले घरबार से

बस वही घाटा मुनाफ़ा हर घड़ी
तंग आये हम तो कारोबार से

रुक गया कुछ सोचकर और समझे वो
डर गया मैं वक़्त की रफ़्तार से

आन की थी जंग दोनों ही लड़े
मैं क़लम से और वो तलवार से

1.शे'र का बहुवचन

नफ़रतों की आग ठंडी हो गयी
या भरोसा उठ गया संसार से

ऐब है मक्का मदीना देखना
देखता हूँ मैं अगर हरिद्वार से

साफ़ दिल से एक कोशिश तो करें
आप उधर से और हम इस पार से

34

कशमकश यूँ है थकन से मिरा तन चूर भी है
और मंज़िल अभी क़दमों से ज़रा दूर भी है

वो जो दीवाना तवारीख़[1] में मशहूर हुआ
तुझसे बिछड़ा भी है उजड़ा भी है मजबूर भी है

अपने अब तक के सफ़र में मुझे महसूस हुआ
इश्क़ सादा भी है मुश्किल भी है भरपूर भी है

बस उसी नाम का इक हर्फ़ समझिये हमको
वो जो गुमनाम भी बदनाम भी मशहूर भी है

जा रहे हो तो मिरे ऐब गिनाते जाओ
''रस्मे दुनिया भी है मौक़ा भी है दस्तूर भी है''

वो जो रहता है मिरे दिल के सनमख़ाने[2] में
थोड़ा ज़िद्दी भी है सनकी भी है मग़रूर[3] भी है

मुसहफ़ी[4] जिसके तुफ़ैल[5] आज सिकन्दर हूँ मैं
मेरी आँखों में चमकता हुआ वो नूर भी है

1.इतिहास 2.मंदिर 3.घमंडी 4.उस्ताद शायर मुसहफ़ी 5.द्वारा

35

दुःख भी आया किये मज़बूत इरादा ओढ़े
हम भी चलते रहे ये ख़ाक-लबादा[1] ओढ़े

ये ज़मीं तंग है सो पाँव समेटे लेकिन
आसमाँ जब कोई ओढ़े तो कुशादा ओढ़े

फिर वही मैं लबे-दरिया[2] वही ढलता सूरज
काश तुम भी चले आओ कोई वादा ओढ़े

अपने ख़्वाबों को रखा एक किनारे अक्सर
मेरी आँखों ने तिरे ख़ाब ज़ियादा ओढ़े

उसकी आवाज़ मैं पहचान नहीं पाया कल
उससे कह दो लबो-लहजा[3] वही सादा ओढ़े

1.मिट्टी का वस्त्र 2.दरिया का किनारा 3.बात करने की शैली

36

दीवारो-दर की क़ैद से बाहर निकल गये
उड़े जो पिछली रात तो वो घर निकल गये

फिर आ गयी कहीं से तिरे आने की ख़बर
फिर अपने हौसलों के नये पर निकल गये

थोड़ी सी कोशिशों से बड़ा फ़ायदा हुआ
दीवार इक जो तोड़ी कई दर निकल गये

जब दिल से हमने चाहा तो मेहनत के हाथ-पाँव
अपनी ज़रूरतों के बराबर निकल गये

जिनके लिये थीं सुब्ह से आँखें लगी हुई
आये मगर वो आँखें चुराकर निकल गये

एड़ी के ज़ोर से मिरी ये मोजिज़ा[1] हुआ
सहरा के बीचों-बीच समन्दर निकल गये

पर दोनों हाथ हैं धरे होंटों पे आज भी
यूँ तो छुड़ा के हाथ 'सिकन्दर' निकल गये

1.अलौकिक चमत्कार

37

डूबते लोगों की ख़ातिर आस का तिनका हूँ मैं
शायरी गर काम है तो काम का बन्दा हूँ मैं

आपसे फिर कह रहा हूँ सरसरी मत देखिये
आप रखते हैं नज़र तो एक नज़रीया हूँ मैं

आपका तो आप जानें हश्र[1] क्या होगा मगर
मुझको ये मालूम है तारीख़ का हिस्सा हूँ मैं

जब से मैंने ख़ाब देखे रक़्से-इमकानात[2] के
खुल गयीं आँखें लगा यूँ इक नया चेहरा हूँ मैं

एक दिन सोचा रखूँ ख़ुद को ज़रा तरतीब[3] से
और फिर सोचा ये क्या क्या सोचता रहता हूँ मैं

रफ़्ता-रफ़्ता पहनूँगा सारे मुखौटे सब कवच
वक़्त दो ऐ शह वालो! दश्त[4] से आया हूँ मैं

इस अक़ीदे[5] पर कि इक दिन तुम मुझे मिल जाओगे
कैसी-कैसी सुहबतों में बैठता-उठता हूँ मैं

1.परिणाम 2.सम्भावनाओं के नृत्य 3.क्रमबद्ध 4.जंगल 5.विश्वास

38

वो कौन है जो हवाओं के कान फूँके है
ये कौन है जो चराग़ों में जान फूँके है

मैं अपनी आँखों से पानी छिड़कने लगता हूँ
कि जब कलेजा तुम्हारी ज़बान फूँके है

ये किस जहाँ में मुझे लाके पटका है तूने
कोई ज़मीं तो कोई आसमान फूँके है

ये सच है दोस्तो! मैं शाम से लरज़ता[1] हूँ
वो दिल में आग इसी दरमियान फूँके है

दिलों की मस्जिदें आबाद हों, सो कानों में
किसी का इश्क़ मुसलसल अज़ान फूँके है

उमीदे-वस्ल[2] भी सूरज के साथ डूब गयी
सो चाँद हिज्र[3] की मुरली में तान फूँके है

इसी समाज ने बख़्शा था ये मकाँ हमको
यही समाज हमारा मकान फूँके है

1.काँपता 2.मिलन की आस 3.विरह

39

वो न देखे तो क्या कोई देखे
एक मुद्दत हुई हँसी देखे

उस गली ले चलो तमन्नाओ!
कौन जाने वो आज भी देखे

झूट सा सच ये सामने आया
हमको बाँधे भी टकटकी देखे

शाख़े-दिल से गया है जो उड़कर
शाख़े-ग़म भी हरी-भरी देखे

कौन देखे कि दिल पे क्या गुज़री
जो भी देखे वो शायरी देखे

जाम भी इश्क़ भी नमाज़ें भी
दौर इन आँखों ने कई देखे

देखना है कि कब तलक यूँ ही
मानता है बिन उसको जी देखे

इस क़दर रंग जम गया उसका
अब धनक उसकी सादगी देखे

उससे कह दो कि मैं 'सिकन्दर' हूँ
मुझको ऐसे न सरसरी देखे

40

फूल ख़ुशबू चाँद तारों का सफ़र मेरा भी है
इश्क़ ही के गाँव में छोटा सा घर मेरा भी है

ढलते सूरज ने मुझे आवाज़ दी और ये कहा
साथ चलते हैं समन्दर का सफ़र मेरा भी है

ऐ ख़ुदा क्यों है ख़फ़ा मुझसे ज़रा सी बात पर
क्या बुरा है कोई दुनिया में अगर मेरा भी है

मैं न कहता था कि घर का ज़िक्र भी छिड़ जायेगा
तजरुबा कुछ महफ़िलों का मुख़्तसर मेरा भी है

पत्थरों का दिल पिघल कर हो गया है मोम सा
लोग कहते हैं कि इसमें कुछ हुनर मेरा भी है

देखकर तन्हा मुझे आँखों से आई एक बूँद
अब हुआ महसूस कोई हमसफ़र मेरा भी है

चाहता हूँ चाहतों का सिलसिला मैं जोड़ लूँ
ख़ाब दुनिया में 'सिकन्दर' आँखभर मेरा भी है

41

लब उनके फूल बातें आतशीं[1] हैं
बदन कोमल इरादे आहनीं[2] हैं

भले अवतार मेरा दूसरा है
मुहब्बत आप मेरी अव्वलीं[3] हैं

चमक आँखों की ज़ाहिर कर रही है
तुम्हारे ख़ाब तुमसे भी हसीं हैं

कोई दरवाज़े पर दस्तक अगर दे
तो कह देना कि हम घर पर नहीं हैं

किनारा कर लिया जिनसे अदब ने
वही सबसे बड़े अब नुक्ताचीं[4] हैं

जुदाई की ख़बर झूटी है पगले
मकीं थे वो मिरे दिल में, मकीं[5] हैं

मियाँ ये लोग हैं जह्ली अपाहिज
जहाँ थे सौ बरस पहले वहीं हैं

1.आग की तरह गर्म 2.लोहे की तरह 3.प्रथम 4.गलती ढूँढ़ने वाला 5.निवासरत

42

चाँद ख़ामोश, मुख़ातिब है सितारा मुझसे
ये रवय्या है बहरहाल तुम्हारा मुझसे

अब तो कह सकता हूँ गर इश्क़ ने पूछा मुझसे
मैंने वो कर दिया जो उसने कहा था मुझसे

बोझ काँधों पे अगर हो तो उठा लूँ मैं भी
बोझ पलकों का उठाया नहीं जाता मुझसे

दरो-दीवार से इक शक्ल उभर सी आयी
बात करने लगा इक दिन मिरा कमरा मुझसे

उनका दुनिया में कोई नामो-निशाँ तक न रहा
वो जो कहते थे कि क़ायम है ये दुनिया मुझसे

क्या मिरे सर पे कोई सींग निकल आया है
कर लिया क्यों मिरे अपनों ने किनारा मुझसे

दिल से बेहतर न कोई जज है न हो सकता है
सोच तू ही तिरा कैसा है रवय्या मुझसे

जो भी बनता था तिरा वो मैं अदा कर भी चुका
और कितना तू वसूलेगा किराया मुझसे

ऐब हो या कि हुनर ये तो जुनूँ है मेरा
काम कुछ होता नहीं इसके इलावा मुझसे

मैं हूँ शायर कि मिरी बात असर रखती है
तुझको दुनिया में मिलेंगे न ख़लीफ़ा मुझसे

ज़ख़्म आयें तो ज़रा शाख़ हरी हो दिल की
दुःख सहा जाता नहीं आधा-अधूरा मुझसे

जुर्म गर मेरा सुनोगे तो हँसोगे तुम भी
ये कि मिलता था किसी शख़्स का हुलिया मुझसे

ये भी दिन हैं कि तुझे देखे महीनों गुज़रे
वो भी दिन थे कि नहीं होता था नाग़ा मुझसे

43

शह भर का ज़हर मुझमें भिन[1] गया
मैं वो दिन हूँ जिसका सूरज छिन गया

एक दिन ये भी हैं इक दिन वो भी थे
घर से निकले और सारा दिन गया

उम्र जिस पर ख़र्च कर दी आके वो
नोट एहसानों के बदले गिन गया

क्या अदा हो पायेगी मेरी नमाज़
मैं इबादत में जो उसके बिन गया

अब किसी साधक का डेरा है यहाँ
वो जो लड़का मुझमें था कमसिन गया

वो भी शादी करके मुझसे कट गयी
मेरे सर से भी जुनूँ का जिन गया

अब ज़बाँ को ख़ामुशी दरकार है
लफ़्ज़ मुमकिन और नामुमकिन गया

1.मिश्रित होना

44

मेरे उसके दरमियाँ दीवार है
जी, वो ज़ालिम आसमाँ दीवार है

कुछ बरस पहले यहीं होता था दिल
क्या सितम है अब यहाँ दीवार है

धूप अच्छी हो, बुरी हो, जो भी हो
हाँ मगर ये सायबाँ दीवार है

ख़ाब के अन्दर खुला आँगन है और
ख़ाब के बाहर मियाँ दीवार है

अपने बच्चे और दुखों के बीच में
जब तलक ज़िन्दा है माँ दीवार है

उसके मेरे दरमियाँ दीवार थी
मेरे उसके दरमियाँ दीवार है

45

पेड़ ख़्वाबों के हरे थे वक़्त ऐसा था कभी
शाख़े-दिल पर इश्क़ चिड़िया का बसेरा था कभी

कुछ बरस पहले यहाँ भी ज़िन्दगी का रक़्स था
अब जो रेगिस्तान है वो मीठा दरिया था कभी

रौशनी के नक़्श अब तक मिल रहे हैं इसलिए
मेरी आँखों में किसी का अक्स ठहरा था कभी

पैदा होते ही बुढ़ापा हो गया मुझ पर सवार
कैसे कह दूँ मैं भी इक मासूम बच्चा था कभी

बस्तियों की ज़द में आकर मर गयी है इसकी रूह
दश्त सा आबाद अपना दिल मुहल्ला था कभी

चाँद सूरज और सितारे पानी भरते थे मियाँ
उसके आगे रौशनी का रंग फीका था कभी

मज़हबी तलवार से कटती गयी इन्सानियत
अब नहीं लेकिन ख़ुदा इस दिल में रहता था कभी

अब तो टूटी है तबस्सुम की लबों से दोस्ती
देखने लायक़ 'सिकन्दर' उसका चेहरा था कभी

46

अचानक सारे मन्ज़र[1] बोल उट्ठे
हँसी गूँजी तो पत्थर बोल उट्ठे

ज़बानें बन्द होंगी शह भर की
किसी दिन गर क़लन्दर[2] बोल उट्ठे

मैं जिनके हिज़्र में सर धुन रहा था
वो इक दिन मेरे अन्दर बोल उट्ठे

पढ़ा जैसे ही मैंने इश्क़नामा
सभी जानिब से ख़न्जर बोल उट्ठे

वही सूनी सड़क थी और मैं था
तिरी यादों के लश्कर[3] बोल उट्ठे

1.दृश्य 2.सूफ़ी, संत 3.फ़ौज

47

दिल, मिरी उम्मीद पर बिलकुल खरा उतरा नहीं
आँसुओं का रात जो दरिया चढ़ा उतरा नहीं

जो बना मुझसे नतीजा सामने है आपके
मेरे हक़ में आसमाँ से फ़ैसला उतरा नहीं

चाँद काली रात ओढ़े आ गया था बाम[1] पर
मेरी नज़रों से वो दिलकश हादसा उतरा नहीं

ज़ेह्न के दर बन्द करके हुक्म की तामील हो
मुहतरम! मेरे गले ये मशवरा उतरा नहीं

ज़िद, सनक, दीवानगी शायद इसी का नाम है
मैं बुलन्दी से भले ही गिर पड़ा उतरा नहीं

जंग लड़नी है उसे कुछ देवताओं के ख़िलाफ़
लाख समझाया मगर उसका नशा उतरा नहीं

---

1. छत

48

सुनो! हमीं ने किये इश्क़ के दिये रौशन
ये और बात है उस वक़्त ख़ुद भी थे रौशन

तुम्हारा अक्स भी अम्बर पे रक़्स करता है
हमारे अश्क भी होते हैं दिन ढले रौशन

तुम्हारे क़ह्र से लेकर हमारे सब्र तलक
ग़ज़ल में हो गये पहलू सब अनछुये रौशन

खुली जो आँख तो काली उदास सड़कें थीं
हुआ था शब मिरे ख़्वाबों का हाइवे रौशन

मैं चाहता हूँ ये लम्हे सहेज लूँ दिल में
रहें, रहें, न रहें कल ये सरफिरे रौशन

बुझे बुझे मिरी तक़दीर के सितारे थे
तुम्हारे नाम को सुन सब के सब हुए रौशन

मैं इक रदीफ़ के ऐसा सुभाव रखता हूँ
तिरे सुभाव में ढेरों हैं क़ाफ़िये रौशन

इसी लिये तो उसे रौशनाई कहते हैं
है ख़ुद सियाह[1] मगर ज़ह्नो-दिल करे रौशन

1.काली

वो शायरी भी कोई शायरी है शहज़ादे
जो कर न पाये किसी तौर रतजगे रौशन

वो सारे लोग ही तस्वीर हो चुके हैं अब
जो करते रहते थे होंटों पे क़हक़हे रौशन

तुम्हारे वस्ल के लम्हे तो कुछ दिनों के थे
तुम्हारे हिज्र में हम उम्र भर रहे रौशन

वो गीत इसलिये भी ज़िन्दगी का हिस्सा था
थे उसके मुखड़े से लेकर सब अंतरे रौशन

49

सख़्त मुश्किल में भी किरदार सँभाले हुए हैं
तेरी हस्ती को गुनहगार सँभाले हुए हैं

मिट गयी होती कभी की ये रियासत फ़न की
वो तो हम हैं कि जो दरबार सँभाले हुए हैं

एक इक करके निकलती गयी हाथों से ज़मीं
मुहतरम लफ़्ज़े-ज़मींदार सँभाले हुए हैं

उन फ़क़ीरों को ख़ुदा कर दे तू सजदा जायज़
दौरे-हाज़िर में जो परिवार सँभाले हुए हैं

चाँद, पैवन्द, फ़लक, शाल, सितारे, जुगनू
ये ज़बाँ भी मिरे अशआर[1] सँभाले हुए हैं

आपके बाद किसी को भी न देखा हमने
आँखें दीदार का मेयार[2] सँभाले हुए हैं

क़त्ल का काम भी आसान हुआ जाता है
किस सलीक़े से वो तलवार सँभाले हुए हैं

ये जो दुनिया है वजूद इसका कहाँ बच पाता
दर हक़ीक़त इसे फ़नकार सँभाले हुए हैं

आसमाँ ओढ़ना धरती को बिछौना करके
हम मुहब्बत तिरी दस्तार सँभाले हुए हैं

1.शे'र का बहुवचन 2.स्तर

50

रात दिन ख़र्च इतने हुए
हम जवानी में बूढ़े हुए

मेरी आवाज़ जाती रही
उनके अलफ़ाज़ पढ़ते हुए

ये कि मैं इक मुसलमान हूँ
शर्म आती है कहते हुए

बस ख़यालों का टकराव था
दो बशर दो क़बीले हुए

तंग पड़ने लगी है ज़मीं
फ़िक्र के पाँव लम्बे हुए

तेरी यादों का सूरज उगा
रातभर क्या उजाले हुए

कल मैं उनसे दुबारा मिला
ये हुआ ज़ख़्म गहरे हुए

51

चाँद की दस्तार सर से क्या गिरी
धूप की बौछार सर पे आ गिरी

आज मैं सबकी नज़र में आ गया
मेरी नज़रों से मगर दुनिया गिरी

जाओ तुम भी! भीड़ का हिस्सा बनो
एक लड़की फिर कुएँ में जा गिरी

रात मजबूरन हवस के पाँव पर
अपने बच्चों के लिये बेवा गिरी

आँसुओं के लाव-लश्कर साथ थे
कब मिरे बिस्तर पे शब[1] तन्हा गिरी

इक पुरानी दास्ताँ की देन है
खेप ग़ज़लों की ये जो ताज़ा गिरी

हाथ से छूटा रिसीवर फ़ोन का
ताक़ से सिन्दूर की डिबिया गिरी

भूले-बिसरे लोग याद आने लगे
रौशनी मेरी तरफ़ बेजा[2] गिरी

अब तो लाज़िम है कि हों जंगल हरे
फ़स्ल बारिश की बहुत बढ़िया गिरी

1.रात 2.व्यर्थ

52

कोई वजूद का अपने निशाँ बनाता जाऊँ
मैं चाहता हूँ तुझे आस्माँ बनाता जाऊँ

अगर मैं आ ही गया भूले भटके मकतब में
तो क्यों न तख़्तियों पे तितलियाँ बनाता जाऊँ

मिरे बग़ैर भी मिलना है तुझको दुनिया से
सो लाज़मी है तुझे काइयाँ बनाता जाऊँ

मैं बन गया तो हूँ हिस्सा तुम्हारे क़िस्से का
मज़ा तो जब है कि जब दास्ताँ बनाता जाऊँ

जहाँ जहाँ से मैं गुज़रूँ अँधेरे छँटते जायँ
ज़मीं पे नूर भरी कहकशाँ[1] बनाता जाऊँ

न मेरे बाद सफ़र में किसी को दिक़्क़त हो
ये मेरा फ़र्ज़ है पगडण्डियाँ बनाता जाऊँ

ज़मीनो-आसमाँ के दरमियाँ मुहब्बत की
मिरा जुनून है कुछ सीढ़ियाँ बनाता जाऊँ

1.सितारों का झुरमुट

53

दिल की शाख़ों पर उमीदें कुछ हरी बाँधे हुए
देखता हूँ अब भी तुमको टकटकी बाँधे हुए

है ये क़िस्सा मुख़्तसर वो बँध गए घर बार में
और मुझको है मिरी आवारगी बाँधे हुए

है यही बेहतर कि अब तुमसे किनारा कर लूँ मैं
बात करते हो ज़बाँ पर तुम छुरी बाँधे हुए

ख़ाक ये कब की ठिकाने लग चुकी होती मिरी
कोई तो शय है कहानी जिस्म की बाँधे हुए

तेरी फ़ुर्क़त में पड़े हैं वक़्त से मुँह फेरे हम
मुद्दतें गुज़रीं कलाई पर घड़ी बाँधे हुए

आज तक पूरा न उतरा तू मिरे अशआर में
मुझको मेरे फ़न से है मेरी कमी बाँधे हुए

आये दिन करता ही रहता हूँ नया कोई सफ़र
कुछ पुराने ख़्वाबों की मैं पोटली बाँधे हुए

चाँद तारे शब उदासी जब मुझे ज़ख़्मी करें
आँसुओं! यलग़ार[1] करना ख़ामुशी बाँधे हुए

1.आक्रमण

54

इश्क़-क़ानून अगर शह पे लागू हो जाय
मसअला एक ही झटके में उड़न छू हो जाय

मुहतरम आप मदारी का हुनर रखते हैं
ख़ाकसार! आप करें हुक्म तो डमरू हो जाय

एक रक़्क़ासा[1] में रक़्क़ासा बचेगी कब तक
उसके फ़न का जो मुख़ालिफ़[2] कोई घुँघरू हो जाय

कुछ मुलाक़ातें मिरा काम बना दें शायद
बातों-बातों में कभी आप से वो तू हो जाय

रात जब अपनी पे आये तो बहुत मुमकिन है
तेरी उम्मीद का सूरज कोई जुगनू हो जाय

जी तो अब लगता नहीं साँसों के गलियारे में
आप लौट आयें तो शायद कोई जादू हो जाय

मुझको उम्मीद है हालात बदल जायेंगे
अरबी से जो ज़बाँ यार की उर्दू हो जाय

1.नृत्यांगना 2.विरोधी

तेरी चाहत जो धरे रूप तो दिल हो मेरा
तेरी फ़ुर्क़त जो सिमट जाय तो चाक़ू हो जाय

कोशिशें लाख तबस्सुम करें मुमकिन है कहाँ
तेरी यादों से जुदा एक भी आँसू हो जाय

55

जिस्म के पार उतर जाना है
जीते जी काम ये कर जाना है

आपकी बात अलग हो शायद
ख़ैर हम सबको तो मर जाना है

अबके सोचा है उसे देखूँ तो
मुस्कुराना है गुज़र जाना है

कैसे भरपाई ख़ला[1] की होगी
बाक़ी ज़ख़्मों को तो भर जाना है

सबने रोका है उधर जाने से
तब तो निश्चित है उधर जाना है

मस्लहत[2] इश्क़ में हो इतनी बस
कोई पूछे तो मुकर जाना है

मसअला ये है मिरे शहज़ादे
तुमने दीवार को दर जाना है

---

1. ख़ालीपन 2. युक्ति

साँस दर साँस मैं भरता आया
ज़िन्दगी है कि ये हरजाना है

अपनी मन्ज़िल तो गली है उसकी
सोचिये आप, किधर जाना है

56

ग़म का चेहरा उतर गया देखा
उनके आने पे मो'जिज़ा[1] देखा

नब्ज़ आँखों की थम गयी फ़ौरन
रात हमने   वो हादसा देखा

तुमने देखी कमाई दिन भर की
मेरी रातों का जागना देखा

उलझनें और बढ़ गईं उनकी
जब मैं हँसकर गले मिला देखा

जिसमें हमतुम हैं दोनों बस मिट्टी
क़ायदे से वो क़ायदा देखा

क्या हो गर वो न हमको पहचाने
उम्र भर जिसका रास्ता देखा

उनके आने की इक ख़बर सुनकर
आज हमने भी आइना देखा

1.चमत्कार

मेरी ग़ज़लों के हाथ लगते ही
अच्छे-अच्छों का टूटना देखा

एक सहरा[1] तो है मगर मुझमें
किसने जंगल हरा-भरा देखा

____

1.रेगिस्तान

57

चाँद की रौशनी मद्धम है मुनव्वर[1] कर दूँ
सोचता हूँ कि तिरा नाम उजागर कर दूँ

फिर तुझे फूल की खुशबू भी दिखाई देगी
आ तिरे ज़हन की रफ़्तार मैं बेहतर कर दूँ

साथ चलना है तिरे सुननी-सुनानी भी है
ठहर   सहरा तिरे जज़्बों को समन्दर कर दूँ

अब न वो हैं न कोई ख़ाब बचे हैं इनमें
बस चले गर तो मैं इन आँखों को पत्थर कर दूँ

इश्क़ है नाम, मिरा नाम बदल दीजो अगर
ईंट पत्थर की इमारत न तिरी घर कर दूँ

मेरी छोड़ो मैं अगर सोया तो मुश्किल होगी
आओ नींदों मैं तुम्हारे लिए बिस्तर कर दूँ

1.चमकदार

58

उम्मीद की अलख सी जगाई हुई तो है
दुनिया की साख हमने बचाई हुई तो है

यूँ दश्त-दश्त ख़ाक उड़ाते हो किस लिये
हमने भी चोट इश्क़ में खाई हुई तो है

मुमकिन है इस ज़मीन में ग़ज़लों के गुल खिलें
तरतीब से ग़मों की बुआई हुई तो है

सूखा पड़ा हुआ था यहाँ अब है ख़ाक नम
आँखों की यानी रात सिंचाई हुई तो है

कहने को हाथ-पाँव की ज़ंजीर खुल गयी
होने को क़ैदियों की रिहाई हुई तो है

आ जाओ इससे पहले कि ले ले अगस्त जाँ
अब जैसे तैसे पार जुलाई हुई तो है

अब देखिये ये इश्क़ कहाँ तक हो कामयाब
हमने ग़ज़ल से आँख लड़ाई हुई तो है

एजाज़ हों की पैसे उन्हीं पर हैं मेहरबाँ
कुछ मसख़रों ने धूम मचाई हुई तो है

पाऊँ कहाँ मैं गाँव वो बारिश वो बचपना
काग़ज़ की एक नाव बनाई हुई तो है

शादी भी हो ही जायेगी लगता है अबके साल
मेरी उदासियों से सगाई हुई तो है

59

चढ़ाई आस्तीन और ज़बान धारदार की
तो अब लड़ो हवाओं से लड़ाई आरपार की

कमाल था, कमाल हूँ, कमाल ही रहूँगा मैं
कभी न आएगी जनाब रुत मिरे उतार की

वो शाहज़ादा और उसपे शायरी का भी मरज़
कोई उमीद ही नहीं है उसमें अब सुधार की

हो इश्क़ या इबादतें बदन नहीं तो कुछ नहीं
सो जान बूझकर ये मैंने ख़ाक अख़्तियार की

सिवाए अपनी ज़ात के किसी पे भी यक़ीं न रख
सफ़र में काम आएगी ये बात ख़ाकसार की

महीने दिन बरस नहीं गुज़ार दी तमाम उम्र
न आना अब कि लग चुकी है लत सी इन्तेज़ार की

ग़मो-ख़ुशी की सब धुनें थीं घर चलाने के लिए
कहाँ मैं पूरी कर सका ज़रूरतें सितार की

ख़ुदा न ख़्वास्ता तुम्हें भी मेरी याद आ पड़े
तो भेज देना मेरी सम्त[1] कश्तियाँ पुकार की

1.तरफ़

ग़ज़ल के ख़ादिमों[1] की स.फ़[2] में सबसे आगे मैं रहूँ
मिले मुझे ये चाकरी तो कर लूँ बेपगार की

तू आये भी तो क्या मुझे न आये भी तो क्या मुझे
कि मैंने तेरी आरज़ू कभी की दरकिनार की

1.सेवक 2.पंक्ति

60

आँखें मूँदे सोच रहे हैं
क्या हम तुमको भूल चुके हैं

मैं मेरी सच्चाई और वो
तीनों तीन जगह रहते हैं

उड़ें तो आकाश छुएँगे
बैठे हैं जब तक, बैठे हैं

वहशत, सहरा, काँटे, छाले
मुझसे मेरा दुःख सुनते हैं

जिन बोतल से बाहर निकला
हम क्यों अब तक चुप बैठे हैं

मिट्टी मिट्टी को खाती है
सहरा ही में हम अच्छे हैं

सब कुछ अच्छा हो जायेगा
सच हम भी कितने झूठे हैं

आधा हूँ मैं आधी हो तुम
आओ मिलकर कुछ बनते हैं

हैं कुछ छोटे छोटे से दुःख
जो मुझसे हक़ माँग रहे हैं

किसने हाल हमारा पूछा
सारे आँसू बोल पड़े हैं

बाहर, बाहर वाले जानें
अन्दर हम टुकड़े टुकड़े हैं

61

तूने क्या क्या ज़माने कुछ न किया
आया नारा लगाने कुछ न किया

घर में रहते, गए ही क्यों थे गर?
दश्त में भी दिवाने कुछ न किया

तीरगी ढक रही है मेरे ज़ख़्म
रौशनी बेहया ने कुछ न किया

इब्तिदा[1] आपकी क़यामत थी
हैफ़-सद[2] इन्तिहा[3] ने कुछ न किया

आँसुओं ने ही की मसीहाई[4]
मेरे हक़ में दुआ ने कुछ न किया

ज़ख़्म सब हैं हरे-भरे देखो
फिर न कहना ख़ुदा ने कुछ न किया

बेज़ुबानी को पढ़ लिया मैंने
यानी उसकी सदा ने कुछ न किया

1.आरम्भ 2.हज़ार अफ़सोस 3.अन्त 4.इलाज

ख़त्म मीयाद[1] हो गई होगी
ग़ौर से सुन हवा ने कुछ न किया

तुम ही कहते हो घर रहा कीजे
तुम ही मारोगे ताने कुछ न किया

अन्तत: मौत मेरे काम आई
ज़िन्दगी बेहया ने कुछ न किया

जह था काम का सो आया काम
जी! दवा ने, दुआ ने कुछ न किया

हम उसे देवता समझते थे
और उस देवता ने कुछ न किया

____

1.अवधि

62

पैवन्दे-ज़ख़्म दिल की रिदा[1] में लगा रहा
मैं बदहवास हम्दो-सना[2] में लगा रहा

जिस पर मिरे वजूद का दारोमदार था
बुत वो तमाम उम्र ख़ुदा में लगा रहा

गिर गिर के लोग साहिबे-दस्तार हो गये
मैं ख़ामख़्वाह अपनी अना[3] में लगा रहा

तस्वीरें कितनी बनती बिगड़ती चली गयीं
तादेर मेरा ध्यान ख़ला[4] में लगा रहा

देखा कभी किसी ने भी अपने चराग़ को?
हाँ ऐब इक ज़रूर हवा में लगा रहा

पूरा मुआशरा[5] था मरज़ की चपेट में
तन्हा हकीम मैं था, दवा में लगा रहा

आईं तो काम आईं मिरी बेवफ़ाइयाँ
कुछ रोज़ आदतन मैं वफ़ा में लगा रहा

1.चादर 2.ईश्वर की तारीफ़ 3.स्वाभिमान 4.शून्य 5.समाज

अश्कों को कानो-कान भनक तक नहीं लगी
कल शब मैं किसके दस्ते-हिना में लगा रहा

मैंने कहा हटा दे मिरे क़िब्ला-रुख़[1] से पाँव
वो बेवक़ूफ़ चारों दिशा में लगा रहा

1.पश्चिम दिशा

63

इश्क़ का क़ायदा पढ़ा कीजे
रूह तक रौशनी किया कीजे

नाउमीदी तो कुफ़्र[1] है, उनसे
मुस्कुराकर मिला-जुला कीजे

मेरे मुँह पे वो मेरी गायेगा
गुफ़्तगू[2] आइने से क्या कीजे

वस्ल हो या कि हिज्र ऐ आँखों
दोनों मौसम में रतजगा कीजे

टकटकी बाँधे कब से बैठा हूँ
कुछ मिरा भी हला-भला कीजे

आँच आये न आप पर कोई
आप ख़ामोश ही रहा कीजे

पीठ पीछे तो शेर हैं ही आप
रूबरू भी कहा सुना कीजे

1.नास्तिकता 2.वार्तालाप

ये भी इक तरह का तअल्लुक़ है
आप मुझसे ख़फ़ा हुआ कीजे

सूख जाए गला न ज़ख़्मों का
देर तक आप मत हँसा कीजे

64

अल्फ़ को काट अलिफ़, लैल को लैला लिक्खा
भाड़ में जाये ज़बाँ तुमने जो चाहा लिक्खा

ज़िन्दगी, आज तलक हमने तेरी कॉपी में
एक ही लफ़्ज़ कई मर्तबा काटा लिक्खा

जब मुझे इल्म हुआ मिसरा-ए-सानी[1] मैं हूँ
बस उसी वक़्त तुझे मिसरा-ए-ऊला[2] लिक्खा

वस्ल[3] में टूट गये हिज़्र में चमके दमके
इश्क़ ने जिस भी तरह से हमें चाहा लिक्खा

पूरी तस्वीर ग़लत ज़ेह्न में भर ली प्यारे
और सच ये है पढ़ा तुमने बस आधा लिक्खा

पर निकल आये जो ज़िन्दान में बैठे-बैठे
मैंने आकाश में उड़ती हुई चिड़िया लिक्खा

चाँद पर ग़ौर किया जब तो हुई हैरत सी
क्यों अदीबों[4] ने तुम्हें चाँद सरीखा लिक्खा

1.शे'र की दूसरी पंक्ति 2.शे'र की पहली पंक्ति 3.मिलन 4.साहित्यकारों

65

उनकी यादों का सिलसिला है अभी
ज़ख़्म पूरा कहाँ भरा है अभी

उनसे बरसों का साथ छूट गया
बिफरे दरिया को बाँधना है अभी

हमको यूँ ही उदास रहने दो
तेज़ एहसास की हवा है अभी

मेरी दुनिया उजाड़ दी जिसने
उसको बसता भी देखना है अभी

तुम अगर चाहो लौट सकते हो
वापसी का भी दर खुला है अभी

मुझसे उनकी अना ने पूछा है
क्यों मिरा दिल हरा-भरा है अभी

लफ़्ज़ो-मा'नी[1] से कुछ परे जाऊँ
मुझको इस पर भी सोचना है अभी

1.शब्द और अर्थ

बात हम सीधी-सादी करते हैं
मसअला था ये, मसअला है अभी

शायरी दीन मैं पयम्बर हूँ
मुझमें ठहरा मिरा ख़ुदा है अभी

66

कब ज़मीं आस्माँ से उठता है
इश्क़, मुझ नातवाँ[1] से उठता है

इक लपट उठती है कलेजे में
कोई जब दरमियाँ से उठता है

आग चुप चुप है पर धुआँ सा कुछ
दिल के कच्चे मकाँ से उठता है

मसख़रो! मिसरा-ए-ग़ज़ल है, ये
आँसुओं की ज़बाँ से उठता है

कैसे मानें अदीब हम उसको
फ़ित्ना जिसके बयाँ से उठता है

जब्र[2] आती है तब क़यामत जब
सब्र हिन्दोस्ताँ से उठता है

पर निकल आये हैं तअस्सुब[3] के
शोर अम्नो-अमाँ से उठता है

1.दुर्बल 2.अत्याचार 3.धार्मिक ईर्ष्या

67

अपना ज़मीर बेच दूँ? मर जाऊँ क्या करूँ
ग़ुरबत[1] तुम्हीं बताओ किधर जाऊँ क्या करूँ

अब जाँ बचाने का है यही एक रास्ता
लोगों की तह ज़हर से भर जाऊँ क्या करूँ

तू क्यों ऐ मेरे दुश्मने-जानी उदास है
मैं टूट तो चुका हूँ बिखर जाऊँ क्या करूँ

ऐ इश्क़ तू बता कि मिरा क्या इलाज हो
डूबूँ कि उसके ग़म से उबर जाऊँ क्या करूँ

आया है मन में उसपे पलटवार का ख़याल
उसकी गली को छोड़के घर जाऊँ क्या करूँ

हज़रत मैं ख़ानदान का चश्मो-चराग़ हूँ
अपने लहू से कैसे मुकर जाऊँ क्या करूँ

फेंकूँ मैं नोच-नाच के अपनी शराफ़तें
या मुट्ठियों को भींचे गुज़र जाऊँ क्या करूँ

ऐ मेरे हौसलो! कोई तुम भी सलाह दो
ग़म चाहता है मुझसे मैं डर जाऊँ क्या करूँ

कल ख़ाब में छड़ी लिये आये थे 'मुसहफ़ी'[2]
ग़ज़लो! अगर कहो तो सुधर जाऊँ क्या करूँ?

1.कंगाली 2.मशहूर उस्ताद शायर स्व. शेख़ ग़ुलाम हम्दानी ''मुसहफ़ी''

68

डूबता हूँ कि ऐ तिनके मैं उबरने से रहा
दूसरा इश्क़ मिरे ज़ख़्म तो भरने से रहा

देख मैं हो गया इन्साँ से फ़रिश्ता और तू
इतना शैतान फ़क़त इश्क़ न करने से रहा

इब्तिदा[1] चाँदनी रातों से हुई थी अपनी
नश्शा यादों का तिरी ख़ैर...उतरने से रहा

तू न घबरा कि ये घबरा के चला जाएगा
देर तक दर्द मिरे साथ ठहरने से रहा

दश्त में उम्र कटी कैसे कटी ऐसे कटी
हौसला मुझमें तिरा अक्स[2] उतरने से रहा

ज़िन्दगी तूने अजब शर्त लगाई मुझसे
दिल धड़कने से रहा और मैं मरने से रहा

गर कभी ख़्वाब ही ले आये तो आये वरना
पाँव चौखट पे तिरी शख़्स ये धरने से रहा

1.शुरुआत 2.प्रतिबिम्ब

69

सिलसिला आज नहीं ये तो ज़माने से रहा
दिल परेशाँ ही तुझे भूल न पाने से रहा

इश्क़ है जुर्म तो ये जुर्म हुआ है मुझसे
शायरी में तो मैं सच्चाई छुपाने से रहा

सर में सौदा भी वही दिल में तमन्ना भी वही
हाँ मगर ख़ाक मैं सहरा की उड़ाने से रहा

मैं बड़ा हूँ मिरे काँधों पे है घर का ज़िम्मा
दश्त ऐसे में तिरी सम्त मैं आने से रहा

लड़-झगड़कर इसी दुनिया से निभानी होगी
तेरी ख़ातिर नई दुनिया वो बनाने से रहा

यूँ तो कानों में बहुत राग बहुत गीत रहे
राब्ता दिल को मगर एक ही गाने से रहा

शख़्स दर शख़्स कोई बात पहुँच जाये बस
शख़्स दर शख़्स मुकम्मल मैं जताने से रहा

70

बस्ता उठाऊँ और कहीं दूर चल पड़ूँ
जी चाहता है मकतबे-जाँ[1] से निकल पड़ूँ

दीवानगी में उसको पुकारूँ गली गली
ये इश्क़ है तो इश्क़ सफ़र पर निकल पड़ूँ

तू साथ है तो तेरी कोई क़द्र ही नहीं
मुमकिन है 'आज' मैं भी तिरे पीछे कल पड़ूँ

तू जो बुलाये तो हो ये झूठा मुहावरा
तेरी तरफ़ मैं चल न अगर सर के बल पड़ूँ

अनपढ़ हूँ मैं गँवार हूँ जाहिल नहीं कि बस
तूने कहा कि चल तो तिरे पीछे चल पड़ूँ

कपड़े पहन के ख़ुश कोई कपड़े उतारके
मैं इन लिबासियों में क्यों मिस्ले-ख़लल[2] पड़ूँ

आवाज़ दे रहा हूँ तो सुनता नहीं कोई
मैं सब्र टूटने पे न चीख़ों में ढल पड़ूँ

1.प्राण के विद्यालय 2.अवरोध की भाँति

संजीदगी[1] का हाथ झटक दूँ मैं उस घड़ी
ऐसा न हो कि चाँद दिखे तो मचल पड़ूँ

तुम चाहते हो मेरी तवज्जोह[2] मगर हुज़ूर
वो बात भी तो हो जो मैं सुनकर उछल पड़ूँ

1.गम्भीरता 2.ध्यान

71

अश्क छुपाकर हँसना ज़िम्मेदारी होती है
ग़ज़लें कहना खेल नहीं फ़नकारी होती है

हर इन्सान उमूमन उलझा करता है उससे
जिसके हाथों अपनी दुनिया हारी होती है

पहले अक्सर जी बहलाने यादें आती थीं
अब तो उनकी आमद भी सरकारी होती है

हर युग में कुछ कान्हा जैसे छलिया होते हैं
हर युग में इक मीरा सी मतवारी होती है

एक ज़रा से झूट पे आख़िर इतनी हैरत क्यों
साहब! अपनी जान सभी को प्यारी होती है

हँसने के मौक़ों पर भी आँसू छलकाते हैं
कुछ लोगों में रोने की बीमारी होती है

कुछ मेरे किरदार में भी मौजूद हैं अच्छे गुन
और कुछ मेरी सुहबत भी मेयारी[1] होती है

---

1. स्तरीय

72

तुम्हारे साथ बड़े कामयाब दिन निकले
तुम्हारे बाद हमेशा ख़राब दिन निकले

पुरानी हसरतें महका रहे हैं फिर मुझमें
सजा के लब पे तबस्सुम गुलाब, दिन निकले

अभी तो रात है ने रात को यूँ ज़ाया कर
करेंगे अपने गुनह का हिसाब दिन निकले

रहे ख़याल कुछ आदाबे–मयकशी[1] भी हैं
पिया न कीजिये प्यारे शराब दिन निकले

किसी से सुन लिया फ़ुरक़त से प्यार बढ़ता है
सो चाहता है मिरा माहताब दिन निकले

तमाम रात लड़ाई लड़ी अंधेरों से
सजा के चल पड़े आँखों में ख़ाब दिन निकले

1.मद्यपान का तौर–तरीक़ा

73

वो एक ख़्वाब नज़र पर चढ़ा हुआ है क्या
तिरा भी दाँव पे सबकुछ लगा हुआ है क्या

ग़ज़ल सी ख़ुशबू बरामद हुई है बातों से
तुम्हारे हिज्र का मौसम हरा हुआ है क्या

अभी उरूज की परियाँ नज़र में रक़्साँ हैं
अभी ज़वाल का ख़तरा टला हुआ है क्या

ये माना मेरी ख़तायें भी कम नहीं लेकिन
ज़माना दूध का यारो धुला हुआ है क्या

तुझे तो कोई हुनर मुझमें दीखता ही नहीं
तिरी निगाह पे पर्दा पड़ा हुआ है क्या

कहाँ से आती हैं ये रौशनी की बौछारें
दरीचा[1] आज फिर उसका खुला हुआ है क्या

जो बोलता था बहुत चुप्पी ओढ़े लौटा है
क़दम-क़दम पे तिरा सामना हुआ है क्या

---

1. खिड़की

मैं खींचतान के अपनी ग़रीबी ढँक तो लूँ
मगर हवाओं का मुँह भी ढँका हुआ है क्या

बुझे-बुझे से हो तुम भी हमारे जैसे क्यों
कहो चराग़! कोई हादसा हुआ है क्या

ये मेरे ज़ख़्म ये मैं हूँ ये मेरा हुजरा है
हटो! यहाँ पे तमाशा लगा हुआ है क्या

74

वही बस्ती वही सहरा वही रूदाद ज़िन्दाबाद
नए दिन में हुई ताज़ा तुम्हारी याद ज़िन्दाबाद

दिखा माँझी के सीने में तुम्हारा अज़्म[1] जूँ का तूँ
सो बरबस ही कहा दिल ने मियाँ फ़रहाद ज़िन्दाबाद

तिरे आने से मेरे घर में रंगत लौट आती है
तिरे जाने से होती है ग़ज़ल आबाद ज़िन्दाबाद

वो जिन कामों से हमको लोग नाकारा समझते थे
उन्हीं की आज मिलती है मुबारकबाद ज़िन्दाबाद

मिरे होने की भी लज़्ज़त तिरे होने से है सचमुच
तो मेरी जान के दुश्मन मिरे सय्याद ज़िन्दाबाद

ये बीनाई मुबारक हो तुम्हें दिखने लगा अब तो
फ़जर[2] से क़ब्ल[3] का मन्ज़र इशा[4] के बाद ज़िन्दाबाद

मिरे मुर्शिद[5] यक़ीनन तू छड़ी जादू की रखता है
तिरे शागिर्द सारे हो गए उस्ताद ज़िन्दाबाद

ग़ज़ल का ग़ैन भी कहना न आया ठीक से लेकिन
ग़ज़ल पर बहस करते हो मियाँ 'इरशाद' ज़िन्दाबाद

1.संकल्प 2.भोर की नमाज़ 3.पहले 4.रात की नमाज़ 5.आराध्य

75

मैं सिकन्दर हूँ फिर भी उलझन है
माँगने वाला एक वामन है

ज़ख़्म घर कर चुके हैं दिल में मगर
आँखों और आँसुओं में अनबन है

हमने पहनी ज़रूर है लेकिन
शायरी अब समय की उतरन है

ख़ुद में धूनी रमाये बैठा हूँ
जिस्म जोगी है रूह जोगन है

क्या बतायें ग़ज़ल के बारे में
यूँ समझिये हमारी धड़कन है

ज़िन्दगी तुम थे सिर्फ़ तुम, हाँ तुम
और दुनिया तुम्हारी जूठन है

एक दीवान कम है उसके लिए
मेरे जज़्बात में जो टूटन है

हम तो डंके की चोट पर कह दें
उसके पैरों की चाँद धोवन है

सर में तुम और हम बसे दिल में
तुमसे ऊँचा हमारा आसन है

सामना हो तो आँखें जल जाएँ
रौशनी उसके छब की कतरन है

जो भी कुछ था तुम्हारे साथ गया
इन दिनों जेह्न ख़ाली बर्तन है

गाड़ी रुक जाये इसके बिन फ़ौरन
ख़ाब तो ज़िन्दगी का ईंधन है

धूप में ख़ामुशी की रह कुछ दिन
तेरी आवाज़ में भी सीलन है

देखता हूँ तो देखता ये हूँ
मेरी बीनाई[1] एक अड़चन है

1.नज़र

76

अश्कों की एक टुकड़ी हमले के मूड में है
इक ज़ब्त का सिपाही लड़ने के मूड में है

छूटे अभी अभी हम इक रात की पकड़ से
छाती पे मूँग दिन अब दलने के मूड में है

था इश्क़ है, रहेगा हाँ मैं नहीं रहूँगा
दिल मेरा तेरे दर से टलने के मूड में है

अब दाँव पर लगी है ऐ इश्क़ तेरी इज़्ज़त
दिल आख़िरी भी पत्ता चलने के मूड में है

इक आलीशान बँगला इक चमचमाती गाड़ी
क्या जाने और क्या क्या बेटे के मूड में है

बाहर किया गया है इक शख़्स दास्ताँ से
और शख़्स वो सुना है बदले के मूड में है

77

इधर हम हैं उधर है क्या
तुम्हें पक्की ख़बर है क्या

बला की धूप है सर पर
कहीं कोई शजर है क्या

मुहब्बत से तुम्हें परहेज़
तुम्हारा दिल खंडर है क्या

जनाबे-ख़िज़्र[1] बतलाओ
उदासी भी अमर है क्या

किसी ने जान ही दे दी
किसी पर कुछ असर है क्या

बदन से आऊँ बाहर मैं
बहुत लम्बा सफ़र है क्या

भरे बाज़ार सा मन्ज़र
यही घर है तो घर है क्या

1.एक अमर देवता

यहाँ आँखें ही आँखें हैं
बता कोई नज़र है क्या

तुम्हारे नूर का पैकर
वगरना ये बशर[1] है क्या

1.इन्सान

78

ज़बान आपकी मिस्ले-छुरी[1] नज़र आयी
ये किस सवाल पे शाइस्तगी[2] नज़र आयी

मैं रात ख़ुद से ज़रा देर बात करने लगा
तो साफ़ साफ़ तुम्हारी कमी नज़र आयी

जो बीता दिन उसे दुहराया शब को सोते वक़्त
तो अपनी सोच मुझे जागती नज़र आयी

हुआ ये मौजिज़ा कैसा कि घुप अँधेरे में
तमाम रात मुझे रौशनी नज़र आयी

वहाँ वहाँ सभी चेहरों के रंग उड़ने लगे
जहाँ जहाँ मिरी दीवानगी नज़र आयी

कमाल ये हुआ इक लम्हे भर की हरकत से
युगों की साधना दम तोड़ती नज़र आयी

न कोई फ़र्क़ दिखा शह और सहरा में
मुझे वहाँ भी तुम्हारी गली नज़र आयी

1.छुरी की भाँति 2.शिष्टता

79

शुरूअ जूँ ही तिरी रामकहानी हो तो
ऐन उस वक़्त मुझे नींद भी आनी हो तो

हिज्र[1] से रात ही छूटे हों ज़मानत पर हम
सुब्ह होते ही अगर फ़ुर्क़ते-सानी[2] हो तो

इश्क़ से मेरी सिफ़ारिश भी लगइयो क़ासिद[3]
जान पहचान कोई तेरी पुरानी हो तो

जंग से इल्म की गिरहें भी खुला करती हैं
हाँ मगर जंग दो आलिम की ज़बानी हो तो

सुल्ह की बात से इनकार नहीं मुझको भी
पर अगर वक़्त ने कुछ और ही ठानी हो तो

घर से बाहर किया, दरवाज़ा खुला रक्खा है
लौट सकता हूँ ज़रूरत कोई यानी हो तो

कोई दीवार उठाना तो बहुत आसाँ है
ये बताओ वही दीवार गिरानी हो तो

मैं वही हूँ मगर तुम मेरे वही हो कि नहीं
मुझको दिखलाओ अगर कोई निशानी हो तो

1.जुदाई 2.दूसरी जुदाई 3.संदेशवाहक

80

बदन, बदन से मिले और कुछ नया न हुआ
तुम्हारे बाद कोई तुमसा दूसरा न हुआ

हुए तो ख़ूब जहाँ में ख़ुदाई के दावे
ये जगविदित् है कोई आज तक ख़ुदा न हुआ

घुमा-घुमा के वही बात कह रहे हैं हम
दयारे-इश्क़ में हम सा भी सरफिरा न हुआ

नज़र लगे न किसी की, हमारी वहशत को
क़याम दिल का कहीं आप के सिवा न हुआ

घिसे-पिटे हुए रस्तों पे चल रहे हैं हम
कई सदी से नया कोई तजरुबा न हुआ

इधर तो आओ लगा लूँ तुम्हें गले जी भर
कि इसके बाद मिरा जी हुआ हुआ न हुआ

सुना है मिट चुके पनघट, घड़े हुए मिट्टी
हमें तो गाँव को छोड़े भी इक ज़माना हुआ

81

इश्क़ का पहला पहला दिन
दिन तो उस दिन ही था दिन

जैसे-तैसे काटी शब
छाती पर चढ़ बैठा दिन

आ ही पहुँचा शब सैलाब
लो मुझको ले डूबा दिन

जिस दिन हिज्र[1] ने खोली आँख
वो था मेरा काला दिन

ख़ौफ़ज़दा हूँ काट न ले
हम सबको ये विषैला दिन

तेरी फ़ुर्क़त[2] छोड़ गयी
आँखों में मटमैला दिन

रात हमारी आँखों में
अगली रुत का चमका दिन

1.वियोग 2.जुदाई

82

आईना भी अद्भुत निकला
देखा तो हिज्र में धुत निकला

कल मेरे बदन की मस्जिद से
इक चलता फिरता बुत निकला

ऐ हज़रते-दिल तुम समझाओ
ये ख़ाब किधर बेरुत निकला

मिट्टी में हुआ टुकड़े-टुकड़े
पर बाहर मैं साबुत निकला

सीने में राम बसे तेरे
ऐ ग़म! तू अंजनिसुत निकला

कल बैठ गया आवाज़ का दिल
एहसास मिरा इत-उत निकला

83

दिन ढले जब मैं अस्त होता हूँ
अपनी दुनिया में मस्त होता हूँ

जिस घड़ी मुझसे तुम बिछड़ती हो
मैं सरापा[1] शिकस्त[2] होता हूँ

मोड़ है ख़ुशनुमा कहानी में
अब मैं छोटों से पस्त होता हूँ

आ दुबकता हूँ मैं तिरे पीछे
जब कभी ख़ुद से त्रस्त होता हूँ

आ मिरी जान ये तमाशा देख
तेरी ख़ातिर मैं ध्वस्त होता हूँ

सामने जब हुज़ूर आते हैं
कौन? मैं? बुतपरस्त होता हूँ?

1.सर से पाँव तक 2.परास्त

84

लफ़्ज़ कल इतने नुकीले हो गये
ख़ामुशी के गाल गीले हो गये

इक उदासी है मिरी अर्धांगिनी
क्या तुम्हारे हाथ पीले हो गये

दरहक़ीक़त मेरे तेवर देखकर
शाम के पुर्ज़े भी ढीले हो गये

शह् में तेरी मुहिम से ये हुआ
रेत के टीले ही टीले हो गये

आपकी सुहबत में रहकर चन्द रोज़
हमसे नालायक़ सुरीले हो गये

ज़िन्दगी का विष तो जूँ का तूँ रहा
शायरी के कण्ठ नीले हो गये

बात ये है इश्क़ तन्हा पड़ गया
मुझमें ही कितने क़बीले हो गये

कुछ तो उसको भी मिरी परवा न थी
कुछ मिरी जानिब से हीले हो गये

एक ही रस्ता बचा है वो है दश्त
ख़त्म बाक़ी सब वसीले[1] हो गये

लौट आयीं तुम तो ख़ुश हैं पेड़ भी
बाग़ के सब फल रसीले हो गये

1.माध्यम

85

याद के बिस्तर पे सोयी इक परी
ख़ैर...अब वो...बात कीजे दूसरी

कर उठे बेसाख़्ता हम वाह वाह
वो ग़ज़ब की आह ज़ालिम ने भरी

पेश होना है किसी के रूबरू
सीख लूँ थोड़ी बहुत बाज़ीगरी

साँस लेना ही अगर सिग्नल है तो
है मिरे भी जिस्म की बत्ती हरी

जो मिरे सीने पे रक्खी आपने
आज भी वो सिल धरी की है धरी

हाफ़िज़ा[1] मेरा बहुत कमज़ोर है
देख लूँ ख़ुद को दुबारा सरसरी

साँस लेती है मिरी तहरीर[2] जब
सूझती है आँसुओं को मसख़री

1.याददाश्त 2.लिखावट

हाथ काँटों से मिलाना है तो फिर
कर हथेली को ज़ियादा खुरदरी

दिन बदलने की कोई सूरत नहीं
आज वैसे फिर है पहली जनवरी

आज भी गर देर से पहुँचूँ कहीं
याद आती है तिरी खोटी-खरी

कौन सी दुनिया में रहते हो मियाँ
इश्क़ है इस दौर में कारीगरी

86

दिल शजर हिज्र में तो फूलने-फलने से रहा
और तू आके ये सूरत भी बदलने से रहा

तू नहीं है तो ख़ुदी सोच ले कैसा हूँ मैं
अब तो जी अपना किसी तौर बहलने से रहा

मसअले और बढ़े और बढ़े और बढ़े
आँसुओं तुमसे कोई हल तो निकलने से रहा

बात पे बात निकल आई तो सुनिए साहब
रात ही रात फ़लक ताज उगलने से रहा

तूने आवाज़ लगाने में बड़ी देरी की
वक़्त ऐसा है कि अब फ़ैसला टलने से रहा

जबकि आँखों से मुसलसल ही लहू बरसा हो
ऐसे मौसम में कोई घर से निकलने से रहा

तीसरी आँख भी लाज़िम है मियाँ इसके लिए
सिर्फ़ ग़ुस्से से हिमालय तो पिघलने से रहा

87

हमारी आह से लेकर सभों की वाह तलक
दिखाई तू ही पड़ा बस हदे-निगाह[1] तलक

ज़रूर इसमें इबादत का कोई पहलू है
फ़रिश्ता सीरतें[2] पहुँचीं अगर गुनाह तलक

कोई भँवर कोई साहिल के दरमियाँ उलझा
कोई पहुँच न सका सागरों की थाह तलक

दुखों ने मिलके किया बन्द मेरा मुँह ऐसे
सुनाई पड़ती नहीं अब मिरी कराह तलक

जनाब इश्क़ करो इश्क़ क्यों नहीं करते
ये सीधा रास्ता है उसकी बारगाह[3] तलक

बताये क्या तुम्हें वो ज़ायक़ा उजालों का
गया जो शख़्स नहीं लज़्ज़ते-सियाह[4] तलक

अभी दिमाग़, घड़ी भर की मुझको मुहलत दे
मैं होके आऊँ ज़रा दिल की ख़ानक़ाह[5] तलक

1.दृष्टि की सीमा 2.देव तुल्य 3.अदालत 4.अन्धेरे का स्वाद 5.दरगाह

कोई मिले तो सही जिससे हक़ से पूछें हम
मआनीख़ेज़[1] सवालों से ख़्वामख़्वाह[2] तलक

न जाने कितने बड़े ख़ाब टूटकर बिखरे
मिरे उसूल से होकर तिरी पनाह[3] तलक

वकील इश्क़ से उलझा समय अदालत में
सुबूत ख़ुद ही पहुँचने लगे गवाह तलक

गये थे ढूँढ़ने दुनिया में हम बदल अपना
पलट के आ गये ख़ुद ही से अब निबाह तलक

है उसका नाम 'सिकन्दर' तो मैं क़लन्दर हूँ
सो लेके जाओ ये सर अपने बादशाह तलक

1.अर्थपूर्ण 2.निरर्थक 3.शरण

88

लबों से मेरे किसी रोज़ दास्तान उठे
इसी ज़मीन से मुमकिन है आस्मान उठे

उन्हीं के साथ हुआ दफ़्न उनका फ़न लोगो
वो इल्म लेने हमारे न नौजवान उठे

ये जानकर कि मिरी मिल्कियत है इक सहरा
मिलाने हाथ हर इक सिम्त से मकान उठे

मिरे ख़िलाफ़ इक आवाज़ अब नहीं उठती
तमाम फ़ित्ने शराफ़त के दरमियान उठे

मुझे यक़ीन है आकाश नाप लेंगे हम
तिरा क़दम जो मिरे साथ मेरी जान उठे

तमाशा देखने लग जायँ सब फ़लक-मन्ज़र[1]
बस एक साथ हमारा जो ख़ानदान उठे

नहीं नहीं ये कभी भी न हो तो है बेहतर
मिरा यक़ीन उठे आपका गुमान उठे

ख़मोश लब थे मगर तुहमतों पे तंग आकर
गवाही देने मिरे अश्क बेज़बान उठे

1.गगनचुम्बी दृश्य

89

यहाँ से हिज़्र का मौसम मुक़र्रर कर दिया हमने
उन्हें जन्नत से अपनी आज बाहर कर दिया हमने

कई अय्याश चेहरे फ़ब्तियाँ कसने लगे हमपर
बदन की भूख को खुलकर उजागर कर दिया हमने

हमारे पास इक उम्मीद है उम्मीद भी ऐसी
कि इस उम्मीद पर ख़ुद को निछावर कर दिया हमने

नई आँखें नया चेहरा नये बाज़ू उगाए हैं
डरे-सहमे हुए ख़ुद को दिलावर[1] कर दिया हमने

हमारे अस्ल पैग़ामात पहुँचे ही नहीं उन तक
न जाने कैसे-कैसों को पयम्बर[2] कर दिया हमने

जब अपने आप से बाहर निकलकर आपको देखा
तो अपनी ख़ुश्क आँखों को समन्दर कर दिया हमने

हुआ महसूस बरसों बाद उनको देखकर, दिल सी
धड़कती शय[3] थी हममें जिसको पत्थर कर दिया हमने

ग़ज़ल हैं हम तुम्हारा इश्क़ जी को भा गया, जाओ
मियाँ इरशाद ख़ाँ तुमको सिकन्दर कर दिया हमने

1.बहादुर 2.संदेशवाहक 3.चीज़

90

सर पे फ़लक जब टूट पड़ा हो शे'र कहेंगे चुप बैठेंगे
ठान लिया है सबसे ख़फ़ा हो शे'र कहेंगे चुप बैठेंगे

हो मफ़हूम[1] पुराना बेशक फिर भी जी में आय कभी गर
कहने का अंदाज़ नया हो शे'र कहेंगे चुप बैठेंगे

आख़िर आख़िर तक जूझेंगे सैलाबी हमलों से हम भी
जब सारा कुछ डूब चुका हो शे'र कहेंगे चुप बैठेंगे

नाउम्मीदी चोंच में लेकर दिल की सुलगती सी धरती पर
कोई परिंदा आन गिरा हो शे'र कहेंगे चुप बैठेंगे

आवाज़ों की भीड़ में शामिल हम ठहरे गहरी ख़ामोशी
जब हमको अन्जाम पता हो शे'र कहेंगे चुप बैठेंगे

तितली फूल धनक की बातें सुनकर हम चिढ़ भी सकते हैं
जब चेहरे का रंग उड़ा हो शे'र कहेंगे चुप बैठेंगे

डूबा ख़ून में सूरज दरिया साकिन[2] पेड़ के नीचे हम हों
जब ऐसा माहौल बना हो शे'र कहेंगे चुप बैठेंगे

1.विषय 2.चुप

91

दिल की बस्ती में इंक़लाब नहीं
तेरी आँखों में कोई ख़ाब नहीं?

सिर्फ़ पैसों पे सोचना कब तक
सुनते जाओ मिरा जवाब 'नहीं'

एक से जी उचट गया इतना
अब कोई दूसरी किताब नहीं

आइना आप देखें तो जानें
मेरी हालत बहुत ख़राब नहीं

हुस्ने-यूसुफ़ तो ख़ैर था ही था
पर ज़ुलेख़ा का भी जवाब नहीं

तुमको जोड़ूँ, घटाऊँ सारे ग़म
इससे बेहतर कोई हिसाब नहीं

अश्क पीने की लज़्ज़तें मत पूछ
इतनी उम्दा कोई शराब नहीं

अब हमें वो ज़बाँ सिखायेंगे
जिनके लहज़े में जी-जनाब नहीं

देख अब मेरे पास है सब कुछ
और मैं तुझको दस्तयाब[1] नहीं

मैं ग़ज़ल ही पे जाँ लुटाता हूँ
क्या मिरा इश्क़ कामयाब नहीं

आ गया मैं सभी की नज़रों में
तुम हो यूँ तुम, कि बेनक़ाब नहीं

पर दिया हूँ तुम्हारी चौखट का
जानता हूँ मैं आफ़ताब नहीं

1.उपलब्ध

92

बढ़ाया इश्क़ ने रुतबा हमारा
पढ़ा जाता है अब लिक्खा हमारा

कहो अपनी हम अपनी क्या सुनाएँ
वही हम हैं वही कमरा हमारा

बताएँ क्या? बताओगे हमें कुछ
अगर पूछे कोई रिश्ता हमारा

हमें मालूम है खिड़की खुली है
मगर अब जी नहीं लगता हमारा

महीने साल बासी पड़ चुके सब
मगर ताज़ा रहा मिलना हमारा

नतीजा अब तलक तो सिफ़्र[1] ही है
मगर ईमान है पुख़्ता[2] हमारा

पलट आते हैं अपनी शायरी में
कोई जब दुःख नहीं सुनता हमारा

अभी हालात थोड़े मुख़्तलिफ़ हैं
चलेगा एक दिन सिक्का हमारा

1.ज़ीरो 2.पक्का

93

शिकार थे शिकार भी नहीं रहे
तुम्हारे कारोबार भी नहीं रहे

उसी पे है लगा हमारा सारा ध्यान
सो हम उसे पुकार भी नहीं रहे

समय ने कुछ तो गुल खिलाये और कुछ
हम उतने होशियार भी नहीं रहे

हुआ मैं ढीठ कुछ तिरी ज़बाँ के तीर
अब उतने धारदार भी नहीं रहे

पड़ी थी भूल से किसी पे इक नज़र
वो भूल हम सुधार भी नहीं रहे

अभी तो सारी इश्क़ की हिकायतें[1]
ग़ज़ल में हम उतार भी नहीं रहे

ये साँस जब तलक है आस तब तलक
सो ख़्वाहिशों को मार भी नहीं रहे

हमारी नाव डूबने से ये हुआ
तुम्हारे शाहकार[2] भी नहीं रहे

___

1.कहानियाँ 2.मास्टरपीस

94

शब, उदासी, अलाव क्या कहने
दिल! यूँ मूँछों पे ताव क्या कहने

मसअला, मसअले से हल होगा
मुहतरम के सुझाव क्या कहने

हिज्र के दाँत हो गए खट्टे
इश्क़ के हाव-भाव क्या कहने

हर घड़ी मुझपे हाथ शफ़क़त[1] का
ज़ख़्म के रख-रखाव क्या क्या कहने

इक समन्दर ने ये कहा आकर
हम हैं काग़ज़ की नाव क्या कहने

दिल की शैतानियों पे हर लम्हा
आलिमाना[2] दबाव क्या कहने

उनकी जानिब से हुक्म आया है
कल हमारे घर आव क्या कहने

दिल की जानिब से जानिबे-सहरा[3]
इक धनक[4] सा खिंचाव क्या कहने

1.स्नेह 2.बौद्धिक 3.रेगिस्तान की ओर 4.इन्द्रधनुष

95

छोड़ दे बेकार का बैराग तू
नींद से बाहर निकल अब जाग तू

मेल हम दोनों का हो कैसे बता
मैं हूँ पानी की तरह और आग तू

हम नये रिश्ते की जानिब थे मगर
छेड़ बैठा फिर पुराना राग तू

जाँ बचाने की है अब सूरत यही
भाग सकता है जहाँ तक भाग तू

पैंतरेबाज़ी भली लगती नहीं
बात जो कहनी है कह बेलाग तू

एक तो राधा ख़फ़ा है उसपे और
जी जलाने आ गया है फाग तू

ज़हर इतना है हमारे जिस्म में
मर न जाये डस के हमको नाग तू

कोई तो आयेगा लेकिन क्या वही
कुछ इशारा कर ज़रा ऐ काग तू

ग़म तो सब अपनी जगह चट्टान हैं
सुन ख़ुशी! है पानियों का झाग तू

ज़ह लगते हैं मुझे अब फ़लसफ़े[1]
रख ये अपने पास ही खटराग तू

काट खाने को मुझे है दौड़ना
क्यों गिरे कमर! हुआ बुलडॉग तू

1.दर्शन

96

ख़्वाब लाज़मी, शेरगोई फ़र्ज़, और इश्क़ वाजिब[1] है
ग़ालिबन[2] मिरे, दिल की जुस्तजू, अक़्ल पर भी ग़ालिब[3] है

पैर मोड़कर, हाथ ओढ़कर, सो रही थी इक बच्ची
क्या ख़बर उसे, पाँव की तरफ़ जो दिशा है मग़रिब[4] है

आप का समय, क़ीमती है पर, मेरी बात सुनिये तो
दाँव पर लगी, एक ज़िन्दगी, आपसे मुख़ातिब है

आसमाँ तले, ये ज़मीन है, दरमियान हम दोनों
इसके बाद क्या? जह्रो-दिल मिरा, जानने का तालिब[5] है

किस क़दर हुए, लोग मज़हबी, वाह रे ख़ुदावन्दी
एक सम्त हो, तो बुझा भी लें, आग चारो जानिब है

बरसों क़ब्ल हम, हाशिये पे थे, आज तक वहीं पर हैं
अब भी है वही, कामयाब जो, शाह का मुसाहिब[6] है

याद की धनक, दीद की सनक, आँसुओं के पार उतरी
हस्बे-ज़ाब्ता[7], इस जुनून में, ख़ामुशी मुनासिब है

1.ज़रूरी 2.संभवत: 3.ताक़तवर 4.पश्चिम 5.इच्छुक 6.साथी 7.नियमपूर्वक

97

वो मेरे ख़यालों से परे जा नहीं सकता
ये बात मगर उसको मैं समझा नहीं सकता

यूँ बैठा तिरी बाट निहारूँ भला कब तक
मैं काम पे निकलूँ तू अगर आ नहीं सकता

वो मेरी कमी है तो कमी है मुझे तस्लीम
सच्चाई तो हर बार मैं झुटला नहीं सकता

तू मेरी ही आवाज़ में अच्छा लगा मुझको
तुझको मैं किसी और से पढ़वा नहीं सकता

सबके नहीं होते हैं सदा एक से हालात
हर शख़्स को हर वक़्त मैं चौंका नहीं सकता

माना कि मिले उससे ज़माना हुआ लेकिन
ऐसा भी नहीं है कि मैं आ-जा नहीं सकता

तुझसे भी ज़ियादा मिरे सीने में कसक है
मजबूर कुछ ऐसा हूँ कि झुँझला नहीं सकता

तू ख़ाब मिरा और मिरा ख़ाब भी ऐसा
मैं देख तो सकता हूँ तुझे पा नहीं सकता

98

उनके जवाब सुनने लब पर सवाल बाँधे
कल हम गये थे दिल में क्या क्या ख़याल बाँधे

मैं भी तो इक बशर हूँ सो ग़ालिबन मुझे भी
दौलत की डोर खींचे शुहरत का जाल बाँधे

क्या हुस्न क्या नज़ाकत क्या ख़ूब तेरी ज़ुल्फ़ें
लगता है अपने हाथों क़ुदरत ने बाल बाँधे

महफ़िल में बेतहाशा कल रात फट पड़े हम
सीने में कोई कब तक आख़िर मलाल बाँधे

मन्ज़र भी ख़ुद वही है और ख़ुद वही नज़र है
दामन से मेरे उसने ही   माहो-साल बाँधे

पढ़ने का शौक़ हमको लिखने का शौक़ हमको
हमने उरूज देखे हमने ज़वाल बाँधे

पढ़कर तुम्हारी ग़ज़लें एहसास हो रहा है
मौज़ू-ए-इश्क़ तुमने हर जा कमाल बाँधे

आँखों में आँसुओं की परतों तले चमक है
मैं हिज्र ढो रहा हूँ दिल में विसाल बाँधे

साहिल पे मिल रही है मौसीक़ियत[1] की लज़्ज़त
बैठा हूँ दिल को जब तक लहरों की ताल बाँधे

1.संगीतमय

99

फले फूलेगी इक दिन याद मेरी
सुनाओगे तुम्हीं रूदाद मेरी

बचाओ आहनीं[1] वारों को अपने
बहुत मज़बूत है बुनियाद मेरी

अभी मैं हूँ तो सबको चुभ रहा हूँ
इबादत होगी मेरे बाद मेरी

मदरसे में ग़ज़ल के पढ़ रहा हूँ
किताबें हैं मिरे अजदाद[2] मेरी

यक़ीनन ये बड़ा इनआम होगा
मुझे समझे अगर औलाद मेरी

यक़ीनन सर पे तीशा[3] मार लेगा
कहानी गर सुने फ़रहाद मेरी

पकड़कर कान उठता बैठता हूँ
हुई है ज़िन्दगी उस्ताद मेरी

1.लोहे जैसे 2.पूर्वज 3.पत्थर काटने का औज़ार

मिरे अश्कों ज़रा तेज़ी से उमड़ो
गुज़ारिश है करो इमदाद[1] मेरी

समय हूँ मैं 'सिकन्दर' बन के अक्सर
सुनाता है ग़ज़ल 'इरशाद' मेरी

1.सहायता

100

मिरी जो मान तो साइड में दुनियादारी रख
मिरे अज़ीज़ मुहब्बत का काम जारी रख

समझ सके तो समझ वक़्त की ज़रूरत को
बना इक इश्क़ का मंदिर मुझे पुजारी रख

फ़ज़ा में चारों तरफ़ शोर है धुआँ सा है
कुछ अपने आप से बाहर भी जानकारी रख

तमाशे देख तमाशों से भागता क्यों है
कहा था किसने अदबतख़्त[1] पर मदारी रख

हमारे साथ ये है गुफ़्तगू की पहली शर्त
अदब से बैठ, परे सोच कारोबारी रख

हक़ीक़तें नहीं काग़ज़ के टुकड़ों की मुहताज
तू अपने पास शराफ़त की दावेदारी रख

अभी ही सारी तमन्नाओं की न कर शादी
ये मश्वरा है कुछ इक ख़्वाहिशें कुँवारी रख

1.साहित्यिक मंच

मिरे ख़ुदा मुझे बस एक शख़्स है दरकार
वही नहीं तो ये ले कायनात सारी रख

बुझी बुझी हुई सिगरट नहीं ये हैं यादें
हटा, तू सामने माज़ी की मत कटारी रख

☐☐☐

राजपाल एण्ड सन्ज़ की स्थापना एक शताब्दी पूर्व 1912 में लाहौर में हुई थी। आरम्भिक दिनों में अधिकतर धार्मिक, सामाजिक और देश-प्रेम की पुस्तकें प्रकाशित होती थीं और हिन्दी के अतिरिक्त अंग्रेज़ी, उर्दू व पंजाबी भाषा में भी पुस्तकें प्रकाशित की जाती थीं।

1947 में भारत-विभाजन के बाद राजपाल एण्ड सन्ज़ को नए सिरे से दिल्ली में स्थापित किया गया और साहित्यिक पुस्तकों के प्रकाशन का आरम्भ हुआ। रामधारी सिंह दिनकर, महादेवी वर्मा, बच्चन, अज्ञेय, शिवानी, आचार्य चतुरसेन, विष्णु प्रभाकर, राजेन्द्र यादव, मोहन राकेश, रांगेय राघव, कमलेश्वर और अन्य साहित्यिक लेखकों की कृतियाँ यहाँ से प्रकाशित होने लगीं। राजपाल एण्ड सन्ज़ से प्रकाशित *मधुशाला, कुरुक्षेत्र, मानस का हंस, आवारा मसीहा, कितने पाकिस्तान, आषाढ़ का एक दिन* जैसी पुस्तकें हिन्दी साहित्य की 'क्लासिक पुस्तकें' मानी जाती हैं और आज भी लोकप्रियता के शिखर पर हैं। भारत के राष्ट्रपतियों और प्रधानमंत्रियों की पुस्तकें प्रकाशित करने का गौरव भी राजपाल एण्ड सन्ज़ को प्राप्त है। नोबेल पुरस्कार से सम्मानित अर्थशास्त्री डॉ. अमर्त्य सेन की सभी पुस्तकों के हिन्दी अनुवाद यहाँ से प्रकाशित हैं। अन्तरराष्ट्रीय चर्चित पुस्तकों के अनुवाद, विश्वविख्यात कोशकार डॉ. हरदेव बाहरी द्वारा सम्पादित 'राजपाल' शब्दकोशों की शृंखला और किशोरों के लिए सैकड़ों पुस्तकें राजपाल एण्ड सन्ज़ से प्रकाशित हुई हैं।

पाठकों के स्वस्थ और सुरुचिपूर्ण मनोरंजन और ज्ञानवर्धन के लिए समर्पित राजपाल एण्ड सन्ज़ से हिन्दी और अंग्रेज़ी में पुस्तकें प्रकाशित होती हैं जो देश के सभी बड़े पुस्तक-विक्रेताओं और विश्व भर के ऑनलाइन विक्रेताओं के यहाँ उपलब्ध हैं।

राजपाल एण्ड सन्ज़

1590 मदरसा रोड, कश्मीरी गेट, दिल्ली-6, फोन: 011-23869812, 23865483
email: sales@rajpalpublishing.com, facebook: facebook.com/rajpalandsons
website: www.rajpalpublishing.com